书山有路勤为径,优质资源伴你行
注册世纪波学院会员,享精品图书增值服务

# THE 4-DIMENSIONAL MANAGER

DiSC® Strategies for
Managing Different
People in the Best Ways

## DiSC® 帮助你成为高效经理人

[美] 朱莉·斯乔 著
*Julie Straw*
戴烽 芮静怡 译

# 发现你的管理风格

钻石版

电子工业出版社
Publishing House of Electronics Industry
北京·BEIJING

Julie Straw: The 4-Dimensional Manager: DiSC® Strategies for Managing Different People in the Best Ways

Copyright © 2002 by Julie Straw

Copyright licensed by Berrett-Koehler Publishers arranged with Andrew Nurnberg Associates International Limited

Simplified Chinese translation edition copyrights © 2024 by Publishing House of Electronics Industry Co., Ltd.

本书中文简体字版经由 Berrett-Koehler Publishers 授权电子工业出版社独家出版发行。未经书面许可，不得以任何方式抄袭、复制或节录本书中的任何内容。

版权贸易合同登记号　图字：01-2013-9019

图书在版编目（CIP）数据

发现你的管理风格：DiSC 帮助你成为高效经理人：钻石版 /（美）朱莉·斯乔（Julie Straw）著；戴烽，芮静怡译. —北京：电子工业出版社，2024.6

书名原文：The 4-Dimensional Manager: DiSC Strategies for Managing Different People in the Best Ways

ISBN 978-7-121-47886-4

Ⅰ. ①发… Ⅱ. ①朱… ②戴… ③芮… Ⅲ. ①企业管理 Ⅳ. ①F272

中国国家版本馆 CIP 数据核字（2024）第 102160 号

责任编辑：杨洪军
印　　刷：三河市良远印务有限公司
装　　订：三河市良远印务有限公司
出版发行：电子工业出版社
　　　　　北京市海淀区万寿路 173 信箱　邮编 100036
开　　本：720×1000　1/16　印张：12.75　字数：183.6 千字
版　　次：2024 年 6 月第 1 版
印　　次：2024 年 6 月第 1 次印刷
定　　价：65.00 元

凡所购买电子工业出版社图书有缺损问题，请向购买书店调换。若书店售缺，请与本社发行部联系，联系及邮购电话：(010) 88254888，88258888。

质量投诉请发邮件至 zlts@phei.com.cn，盗版侵权举报请发邮件至 dbqq@phei.com.cn。

本书咨询联系方式：(010) 88254199，sjb@phei.com.cn。

# 序

你向他人下达工作指令或提供反馈吗？你帮助他人做决策或解决问题吗？你需要激励或表扬他人吗？如果对以上任何一个问题，你的回答都是"是"，那么你就是一名管理者——无论是否有管理者头衔。这本书为你而著。

如果你负责组织他人完成工作，你就是一名管理者。你可能处于一个组织的任何级别，以正式或非正式的方式与员工、组织外的供应商或承包商合作。

许多管理者，尤其是那些并没有正式管理者头衔的人，从未接

## 发现
### 你的管理风格

受过所需技能的培训，特别是人际关系技能培训——而管理工作与人息息相关。我第一次成为一名管理者大概是在二十年前，那时候我参加的培训包括业绩评估培训、薪酬管理培训与员工选拔培训，但缺少更为"柔性"的人际关系技能培训。别人只是告诉我需要做什么，而我要自己弄明白如何去做。

作为一名毫无管理经验的管理者，我决定遵循"黄金法则"：别人如何待我，我就如何待别人。这是我在生活中遵循的法则。因此，我自然而然地认为管理他人时也用得上。例如，我给下属分配的工作数量与类型，是我自己在同等情境下习惯且需要的。对我这种"待人如己"的方式，有的员工给予积极回应，有的员工则反应不佳。究竟是怎么回事？

我在之后参加的一个研讨会里找到了答案。在那里我接触了DiSC——一个能帮你理解人们在不同情境下如何思考、感受与行动的简捷、方便的工具。DiSC向我展示了：即使情境相同，不同的人也会有不一样的反应；在培训与指导员工时，我需要把他们当作不同的个体，而非由己出发，统一对待。DiSC帮助我与每个员工都建立了良好的关系，形成一个团队。作为一名管理者，我需要DiSC帮助我成长。

我曾一次又一次地见证了DiSC的力量。十年前我在Inscape出版公司工作，首次作为管理者的我使用的 DiSC 工具正是这家公司的产品。因此，我得以关注 DiSC 的功用与发展，并有幸与 DiSC 的研究人员及产品研发小组合作，设法向全世界传递 DiSC 的力量。

作为一名管理者，你要激励员工、指导工作、认可并奖励成绩，这对组织的成功举足轻重。如果想要使工作更有效率，你需要了解每个员工。

也许你会想：我怎么会有时间了解每个员工？使用 DiSC，会使了解过程变得简单、迅速且有效。关注 DiSC 的四个维度，你可以更好地了解每个员工。以 DiSC 为"黄金法则"，你可以区别对待每个员工，从而使工作更有效率。

首先从自己开始。这本书的每部分都会先帮助你发现自己常用的管理风格，其次再关注你的员工。之后你可以决定是否调整自己的行为，以便帮助自己、员工和组织获得更好的结果。有些章节会介绍如何在基本管理任务中应用 DiSC。

时至今日，在管理他人，以及与同事、家人和朋友相处时，我仍然使用 DiSC 的四个维度。在世界各地的会议与研讨班上，我已经向几千名培训者与咨询者介绍了 DiSC。每次展示 DiSC 时，我都很高兴地看到人们意识到：差异就是差异，并无好坏之分。DiSC 提供了这样一条捷径：让人们理解为什么自己以某种方式回应，而别人会以另一种方式回应。

作为一名管理者，无论资历深浅，理解 DiSC 和他人，都会为你的管理风格添加新的维度。

# 目录

## 第1章 为什么一维管理不能百试百灵 /1

他是一名一维管理者：他对每个人都用同样的管理方式，无论分配任务、解决问题、培训员工，还是给予反馈、沟通交流……

DiSC 帮助你发现自己的自然风格，关注并理解在不同的工作情境下你会如何思考、感受和行动。

## 第 2 章　发现你的风格　/ 11

DiSC 揭示的不是你的核心性格类型，而是你对环境的反应方式。虽然你无法改变性格，但你可以改变自己对不同情境的反应方式。正是这两者间的区别，使 DiSC 成为一个很实用的工具。

测试一下你的风格吧！

## 第 3 章　如何管理自己与他人　/ 29

为什么要学习 DiSC 呢？

首先，你遇到的人会使用这四种不同风格；

其次，DiSC 是情境化的，不同的特定情境可能产生不同的结果；

最后，你可能需要借助其他维度来处理某个情境。

## 第 4 章　我是管理者，不是读心人　/ 47

你不是一个读心人，不可能洞悉他人所思所想。然而，你可以解读他人的行为。

有一点很重要：不要给他人贴标签（如"他是 S 型"）。贴标签不仅对他人不公平，而且你据此选择的管理方式可能并不适合当前的真实情境。

# 目录

## 第 5 章　四维扩展　/ 57

有意识地选择维持现状，并非对情境的忽视，而是采取行动的一种方式。问自己三个问题：

1. 这个情境对我重要吗？
2. 有可能改变情境吗？
3. 为改变当前情境投入时间和精力值得吗？

## 第 6 章　四维管理　/ 69

如果你管理的员工某个维度较高，想想你可能面临的机会与挑战。无论其反应风格如何，你既可以利用自身优势满足情境与他人的需求，也能得到许多调整机会。

## 第 7 章　四维授权　/ 79

DiSC 还能帮助你确定授权时传递的信息数量与类型。DiSC 让你高瞻远瞩，就如何跟进与监督工作做出规划。正确的授权方式能够让你得到你想要的结果。

## 第 8 章　四维决策　/ 89

你的 DiSC 知识可以帮助员工最大限度地利用他们的优势做决策。在你的指导下，员工可以做出对你、自己和组织都有利的决策。

## 第 9 章　四维解决问题　/ 98

有些问题与人们特定的 DiSC 高维度直接相关。当然，并非所有问题都如此。无论问题起因如何，只要解决问题者存在，我们就要考虑他的 DiSC 风格。

## 第 10 章　四维激励　/ 107

如果工作环境满足人们的需求，他们就会受到激励。此时，DiSC 就派上了用场，因为每个 DiSC 行为模式都与特定的需求及特定的动力因素相关。

## 第 11 章　四维表扬　/ 119

DiSC 可以帮你识别他人乐于接受的表扬，而非你自己喜欢的。对个人而言，真正的表扬是什么？他会接受什么？他会珍视什么？

## 第 12 章　四维反馈　/ 127

DiSC 可以帮助你预测他人对某种反馈的反应，你可以据此选择能够带来积极结果的反馈。你反馈的内容可能无须改变，需要改变的只是方式。

# 目录

## 第 13 章　管理不同风格的组织　/134

一个组织要对其内外事务做出反应。事实上，组织反应与个人反应类似，也分为 D、I、S、C 四种类型。

## 结束语　迈向四维管理　/155

## DiSC 组合模式　/158

DI 型：积极活跃、喜欢主导　/159

ID 型：善于表达、乐于参与　/161

DS 型：自我激励、乐于助人　/163

DC 型：独立自主、善于分析　/166

SI 型：处事灵活、提供支持　/168

IS 型：激励他人、愿意合作　/170

IC 型：机智敏锐、忠诚可靠　/172

SC 型：礼貌待人、追求准确　/174

DIS 型：舒适、投入　/176

IDC 型：自信、果断　/179

DSC 型：敏感、准确　/181

ISC 型：敏锐、体贴　/183

**发现**
你的管理风格

附加 DiSC 表格 / 185

有关 DiSC 的研究 / 188

# 第 1 章

# 为什么一维管理不能百试百灵

## 发现
### 你的管理风格

埃里是一家全球连锁酒店中央客服中心的管理者。在最近的一次推广活动中，客服中心的来电比平时多了一倍。每个人都加班加点，很少休息。不过，不同于以往的是，这次员工士气高涨。

埃里寻找原因，发现有两个人功不可没。一个是劳伦。在忙碌两周之后，人人都倍感压力。而正在此时，劳伦主动提出给大家带午餐——更让大伙儿吃惊的是，放置午餐的会议室里装饰着气球，播放着美妙的音乐。人人都很享受这一短暂的休息时光，劳伦自不必说。第二个周五她给大家带午餐时，又别出心裁地在停车场的树下放了一块毯子，并把午餐放在毯子上。

埃里还注意到了朱安尼塔用截然不同的方式做出了同等重要的贡献，她主动设计了一个特别的日程表，保证所有人有同样的休息时间与加班时间。

推广活动结束后，埃里把所有人聚在一起庆祝团队合作成功，并且表扬了劳伦和朱安尼塔的特殊贡献。他说："劳伦和朱安尼塔都非常出色。如果没有她们，上个月我们可能无法处理那么多来电。让我们为她们鼓掌吧！"

劳伦高兴地挥舞双拳，大声喝彩，享受大家的关注，而朱安尼塔仅仅微笑着说"谢谢"。几分钟之后，埃里再看向朱安尼塔，她已经离开房间了。

次月工作量恢复正常。埃里在浏览电话报告时发现劳伦的电话

# 第1章
## 为什么一维管理不能百试百灵

呼叫量达到她的最高水平，而朱安尼塔的却急速下降。他仔细一想，自从上次的庆祝会之后，劳伦似乎干劲十足，而朱安尼塔却相当消沉。

用同样的方式表扬两个人，却得到不同的反应——埃里的方式仅对50%的人群奏效。

他是一名一维管理者：他对每个人都用同样的管理方式。

大多数人倾向于用自己喜欢的方式管理。例如，埃里采用的表扬方式是他自己最喜欢的：公开场合，热情洋溢，活力四射。就像当年在公司的嘉奖日他被授予年度最佳经理时，他简直欣喜若狂。因此，无论何时，他都采用这种方式。他喜欢在客服中心一边踱着步子，一边随口表扬："你干得真棒！"

埃里的风格让一些人很受用，如劳伦。劳伦喜欢成为焦点：大家都来为我鼓掌吧！

朱安尼塔想要的东西不同。她全身心投入设计如此复杂的日程表，并且希望大家认可她的能力、智慧和辛勤工作。她不想要一个泛泛的公开表扬，她需要更加明确的认可，一份详尽的备忘录会更加投其所好。在她看来，埃里真诚的表扬只是空洞的恭维，并未肯定她对组织的贡献。

一维管理的问题就在于：这种管理方式并非在任何时候都有效。

## 顺其自然

很多管理者就像埃里一样,在相似的情境下采用相似的方法。无论分配任务、解决问题、培训员工,还是给予反馈、沟通交流,他们都采用同一套方法。然而,我们谈论的并不是他们做了什么,而是他们怎样做。

你也会有一套常用的方法,在运用这套方法时你感觉很自然、舒适,你其实是在利用你的优势进行管理。想想埃里吧,他喜欢也擅长表扬别人。在庆祝会上他十分享受,如鱼得水。如果让他坐下来为朱安尼塔写一份详细、精确的备忘录,他可能就如坐针毡了。

你的基因、背景、教育和工作经历等都会影响你的自然风格,并因多年的不断重复而成型。你一直使用以前证明有用的方法工作。

你的自然风格就是你的"第一维度"。

本书将向你介绍发现你的自然风格(或称第一维度)的实用工具。这个工具就是 DiSC,它让你关注并了解在不同的工作情境(包括管理)下你会如何思考、感受和行动。在第 2 章,你可以使用 DiSC 来处理让你困扰的管理情境,DiSC 会帮助你从该情境中走出来,了解自己。

思考、感受和行动有四种基本风格。通过 DiSC,你会发现自己

# 第1章
## 为什么一维管理不能百试百灵

的风格。

DiSC 的作用不容小觑，它是经过近 30 年反复研究与改进的实用工具。除了北美，它还被翻译介绍到其他国家和地区并得到验证，被数千家大大小小的公司和组织运用。事实上，关于培训者与咨询者使用 DiSC 的研讨会，已经有超过 4 000 万人参加。仅需十几分钟，DiSC 结果就可以被使用。

## 他们不是你

使用 DiSC 时，要关注自己对某个情境的反应。在该书后面，你会看到你管理的员工对同样的情境做何反应。虽然你不能钻进别人脑袋里了解他们的思维和情绪，但是一旦熟悉了 DiSC，你就可以从人们在某个情境下的行为中发现许多蛛丝马迹，从而解读出许多信息。这些行为反映了人们的思维和情绪，并呈现出一些有用的行为模式。

你会很快发现，人们对工作情境反应各异。例如，有的人喜欢变化而有的人讨厌变化，有的人喜欢竞争而有的人习惯逃避。无论是对规则、社交、反馈，还是最后期限、团队合作或其他情境，人们都有不同的反应。因此，对你的自然管理风格，他们也会有不同的反应。

# 发现
## 你的管理风格

安是一家小型计算机零部件公司的经理。以下是她对手下四名员工的描述，有些内容听起来可能会觉得很耳熟。

- "安迪负责订单处理。他反复核对每笔款项，确保正确无误。他的谨慎细心固然很棒，却导致了大量工作积压，一名新顾客刚刚退了一批货物——这已经是我们第三次送货延迟了。"

- "凯西是销售总监。她喜欢搞新的推广活动，却常常半途而废，而且一提到细节她就烦躁不安。"

- "每次我经过玛丽亚的办公室时，总有人在向她大倒苦水。她的办公室简直就是个咨询中心。我本该上交第三季度的预算评估，可玛丽亚拖了足足一个星期还没把数据给我。"

- "伯特自打管理生产线以来就一直改革。创新是好事，但他实在太欠考虑，导致现在产品质量都下降了。"

差异虽然有时难以处理，却是优秀公司的重要素质。如果细节非常重要，你需要安迪那样细心谨慎的员工；凯西积极进取，拥有难得的社交才能，可以为团队加油打气；玛丽亚足智多谋，细心体贴，是人们倾诉问题的好对象，并且她知道事情始末，可以帮助人们通盘考虑，使头脑保持清醒；伯特是改革的生力军，可以把团队引向既定的目标。作为一名管理者，安需要管理这些差异。

差异让人又爱又恨。虽然安认可每个人的贡献，但她也承认有时每个人都让她抓狂。无论她如何努力，有时候她就是觉得很难与

# 第 1 章
## 为什么一维管理不能百试百灵

他们共事。与他们共事时，有失败、压力，甚至愤怒；也有误解、妥协、公开的冲突，或者仅仅是含混不清、未尽如人意的结果。

你可能也会挣扎于这些情形：一个完美主义者安迪，一个生机勃勃的凯西，一个循循善诱的玛丽亚，一个锐意改革的伯特。怎样才能与他们和谐共事呢？

## 审时度势

DiSC 始于自我意识，却不限于此。它同样延伸到"他人意识"及"情境意识"。DiSC 涉及三个方面：自我、他人与情境（Self, Other and Situation，SOS），关注的是人与人之间的关系。

关注其他人在某种情境下的行为风格，你可能会发现他人与你的区别，而这常常是误解、偏差与目标未能实现的源头。这个人需要什么？他的优势是什么？怎样激励他？怎样让他发挥最大潜力来满足组织的需求？

当你开始用 DiSC 的透视镜来观察在一个特定情境下涉及的一些人员时，你可能会相信你的自然风格就是最佳管理风格。你会看到在这种情境下哪些优势具有价值。

然而，你也可能会相信你的自然（一维的）风格并不适用。DiSC 可能会向你建议另一种风格，让你自己、员工和组织获得最大限度的效用。这就是所谓的调适。

调适不是优柔寡断、缺乏主见，而是选择最合适、最有效的方式来应对某种情境；调适不是竭尽全力迎合员工，而是理解与尊重他人的长处、担忧、局限与障碍。调适可以起到改善协作关系的作用。

例如，你分配项目时最常用的方式是设定底线。你告诉员工你什么时候需要什么样的结果，然后任由他们自己工作。然而，你可能会发现这种方式对你选择的那个人没有效果，因为那个人需要非常详细的、按部就班的指示。有了DiSC，你就可以决定在分配任务时交代多少数量与类型的信息，并且知道怎样更好地开展后期跟进。

四维管理就是为特定情境选择最好的管理方式。每个管理者都可以学会这种技巧。利用DiSC，你可以帮员工做决定、解决问题或者激励他们。DiSC可以帮助你更好地奖励业绩优秀的员工，同时，更有效地对员工提出建设性意见。DiSC可以成为你的日常工具，帮你做好管理这一艰难又有价值的工作。

想要更好地运用自身所学，最好先从小处着手。通常情况下，最好的进步方法是一步一个脚印。一般来说，如果你在满足员工需求上跨出一小步，那么对方会向你迈出一大步。你无须走得更远，挪动一小步足矣。但是在挪动之前，你要知道方向，你需要了解一些信息——这时DiSC就派上用场了。

# 第 1 章
## 为什么一维管理不能百试百灵

## 四维管理能为你做些什么

当你从一维管理转向四维管理后，常常会收获意外惊喜。

首先，你有了理解"人的问题"的工具。在什么时候需要做什么，往往是大多数管理者纠结的问题，他们不知道最大的挑战并非日程、资源或目标，而是工作中混乱、复杂的人际互动。DiSC 是可以帮你更好地理解"人的问题"的有效工具。

> **身体力行**
>
> DiSC 可以让你专注思考，找出适合自己、他人和组织的解决办法。你可以用它来：
> - 改善交流
> - 改善个人与团队的表现
> - 减少冲突
> - 提高生产力
> - 取得商业成果

厘清诸多观点之后，你会有处理某种情境的几种选择。虽说人们会很自然地采取惯用风格处理事情，但有时结果不尽如人意，这时 DiSC 可以帮你摆脱"自动化行为模式"。运用 DiSC 思考，你会考虑在这种情境中可以采用的最佳方式，而不是永远固守你的自然风格，这种退一步思考常常会带给你意外收获。

当然，其他三种维度的管理风格刚开始用起来可能并不舒服，但是使用次数越多，你就会在延伸与调适时越发自信。

有一则芦苇与橡树的寓言："橡树在冬天里挺拔矗立，自以为强过寒冷时屈折弯腰的芦苇，但是当一场风暴吹折了橡树的时候，芦苇却能弹回原状。"这则寓言告诉我们：灵活也是一项优势。你不用做一棵挺拔却脆弱的橡树；你可以像芦苇一样，向不同的方向随意弯曲，却总能反弹回来。作为一名四维管理者，你的灵活与韧性可以提高你在风暴中存活的概率。

我们还可以将一维管理者想象成插进一个槽里的硬纸板。由于缺少支撑，硬纸板很容易被推翻。现在把硬纸板放在一个支架上，四面都有长长的木板支撑。这样一来，硬纸板很难被推翻。许多情境都可以击倒一名管理者，但是四重维度可以使你屹立不倒。

因此，一名见解深、眼界高的四维管理者可以在员工各异的工作场所创造高效。

# 第 2 章

# 发现你的风格

现在，你可以运用 DiSC 思考你所面对的真实情境了。在随后的一张短语列表上，我们列出了人们在某种情境中思考、感受与行动的不同方式，请你对此一一给出答案。

是不是听起来像个测试？不必担心——这不是测试。这里没有所谓"正确"或"错误"之分。使用 DiSC 没有"通过"或"挂科"之说，更不可能预测成败。DiSC 也不是测试与修正，而是发现与运用。DiSC 是一种更好地理解自己的方法，它帮你解读与运用你所看到的，让你认清自己。

这不是测试，请放松享受吧。

## 选择管理情境

为了获得有意义的结果，请选择一个特定的管理情境。不要聚焦一次性事件或某个特别的 5 分钟互动，也别选择一个过度泛化的情境，如"管理"，更不要把 DiSC 当作神谕来卜凶问吉，如"艾丽丝能发挥她的潜力吗"。最好的方式是聚焦当下的问题或情境。"在项目 X 上管理贝斯"或"把任务分配给史蒂夫"就是个不错的特定情境。

想想你的特定情境。你会如何思考、感受与行动？这种情境还涉及什么人？地点和时间重要吗？回忆发生过、说过与做过什么，

## 第 2 章
### 发现你的风格

然后关注你在此情境下的思考、感受与行动。

你需要时间来选择与丰富你的特定情境，但这点投入绝对值得。你能回忆出的细节越多越好，将其中的重要部分简化为短句以方便记忆——如果你一直捧着大段的文字，使用 DiSC 就太不方便了。

## 短语列表使用指南

接下来有一个短语列表，每个短语都描述了你在特定情境下的思考、感受与行动，你可以用数字 1~5 来描述其准确程度。

在方框里短语的右边写下数字。

关键的一点是，你要使用数字表达你的感受和反应。你的回答的价值取决于你回答的准确程度，因此你事先要评估每个短语。不过不用担心——DiSC 工具很快捷，大多数人 10 分钟左右就能完成。

如果你觉得某个短语与你选择的特定情境毫无关系，先不要急着写"1"，再考虑 1 分钟。这一工具的设计确保了每个短语都与某个情境或多或少有些联系。

最后，确保对每个短语都给出了答案。

**发现**
你的管理风格

### 你的个人 DiSC 工具

▶ 聚焦某个特定情境

▶ 仔细思考你的回答

▶ 发现你的管理风格

请逐行浏览这两页的内容，在每个短语后面写下在该情境中最能描述你的反应的数字。1——非常不准确或毫无联系；2——不准确；3——介于准确与不准确之间；4——准确；5——非常准确。

# 第 2 章
## 发现你的风格

| 栏　目 | 分　数 | 栏　目 | 分　数 |
|---|---|---|---|
| 是一个好的倾听者 | | 喜欢制定规则 | |
| 可以容忍自己不喜欢的事情 | | 直接推动项目进展 | |
| 愿意听从命令 | | 表现得很强势 | |
| 和他人相处融洽 | | 有求胜欲 | |
| 做决策时总是替他人着想 | | 是第一个采取行动的人 | |
| 愿意帮忙 | | 不屈服 | |
| 能理解他人的感受 | | 人们认为我非常强大 | |
| 对他人很和善 | | 对自己有把握 | |
| 热心肠 | | 愿意负责 | |
| 让他人担任领导角色 | | 喜欢采取行动 | |
| 不喜欢惹麻烦 | | 行动迅速 | |
| 宽以待人 | | 自己感觉很强大 | |
| 第一栏总分 | | 第二栏总分 | |
| 减去 | −1 | 加上 | +2 |
| 得分 | ● | 得分 | ■ |

# 发现
## 你的管理风格

续

| 栏　　目 | 分　数 | 栏　　目 | 分　数 |
|---|---|---|---|
| 喜欢做正确的事情 | | 有各式各样的朋友 | |
| 喜欢用正确的方式做事 | | 广受欢迎 | |
| 第一次就能把事情做对 | | 喜欢与人见面 | |
| 只考虑有意义的事情 | | 相处起来很有趣 | |
| 喜欢精确 | | 用积极的方式看待事物 | |
| 与他人相处很害羞 | | 感觉很满足 | |
| 善于分析事情 | | 快乐、无忧无虑 | |
| 考虑事情很周全 | | 善于活跃气氛、提高士气 | |
| 把事情都闷在心里 | | 大部分时间都很放松 | |
| 考虑事情过于仔细 | | 大部分时间都很快乐 | |
| 不喜欢被过分关注 | | 与陌生人见面一点都不难为情 | |
| 在团队中说话不多 | | 采用非常生动的沟通方式 | |
| 第三栏总分 | | 第四栏总分 | |
| 加上 | +0 | 减去 | −2 |
| 得分 | ☾ | 得分 | ◆ |

© 2002 Inscape 出版公司版权所有。禁止以任何形式复制表中全部或部分内容。

# 第 2 章
## 发现你的风格

## 得分

如果你还没有计算得分，请把每栏的分数加起来。根据加或减的标志调整得分，就会得到与以下符号相对应的四个数字。每个符号分别对应 DiSC 四个维度中的一个。

- ● 代表支持型
- ■ 代表支配型
- ☾ 代表尽责型
- ◆ 代表影响型

四栏的顺序分别是 S、D、C 和 I。不过，我们讨论的可是 DiSC，不是 SDCI。因此，你要调整得分的排列顺序，然后，把得分写在下面的得分表中。

| 得 分 表 | | | |
|---|---|---|---|
| ■ | ◆ | ● | ☾ |
| D | I | S | C |

## DiSC 维度

在特定情境下，你的思考、感受与行动反映了你在 DiSC 四个维度的不同水平。

- 支配型
- 影响型
- 支持型
- 尽责型

得分最高的维度扮演最重要的角色。在得分表里圈出你的最高得分项（如果你有两项均获得最高得分，圈两个）。

对四种维度的描述如下。请先阅读你最高得分项维度的描述，再阅读其他三个维度的描述。

### ○ 支配型（D）

支配型维度表现出直接、果断的行为。

**完成目标**：如果你得分最高的维度是 D，表明你很看重目标实现。在这种情境下，你不喜欢别人告诉你需要做什么。你设立高标准，自己制定规则，像冠军一般享受实现目标时的胜利感觉。

**行事果断**：你相信自己能很快完成工作。如果启动一个项目耗费太多时间，你会变得很不耐烦。如果事情的进展不如你想象般顺利，你会掌控局势。你不会无视风险，也不害怕在权衡利害后赌上一把——因为你知道冒险可能会带来回报。

**争强好胜**：你享受竞争，为赢而生。

**直截了当**：有时你过于直率、直言不讳、一针见血。在这种情境下，你可能会对能力不足或不愿改变的人失去耐心。

## 影响型（I）

影响型维度表现出乐观、开朗的行为。

**交流**：作为一个完美的社交达人，你享受每个传递热情与分享观点的机会。你喜欢结识并召集新人。人们喜欢有你在身边，因为你容易沟通、充满活力。在聚会中你是灵魂人物。

**参与**：你在团队里积极参与各种活动。虽然你可能喜欢出风头，却不一定想领导他人。你对他人心存善意。

**积极思考**：你乐观积极，能够看到人和环境中最好的一面。

## 支持型（S）

支持型维度表现出理解、合作的行为。

**帮助他人**：你希望自己能够帮助他人，缓和或改善事态。你是个出色的倾听者，他人常常向你倾诉；你尊重这份信任，愿意为他们付出时间。你真诚地理解他人，对他们心怀友善。

**相处融洽**：你不喜欢冲突，竭力避免争论。

**幕后工作**：你不喜欢在团队中强出头。你乐于做的是让一项艰难的任务变得轻松，或者默默帮助别人缓解压力和苦痛。帮助别人实现目标，是你自我实现的重要方式之一。

**保守**：你会在变化前把事情通盘考虑一遍。比起用未经测试的方法来替代已被验证的成功方法，你更愿意尊重并保持传统。

## ○ 尽责型（C）

尽责型维度表现出专注、准确的行为。

**行事得当**：你希望行事毫无差池。你最重视的品质就是可靠与值得依赖。

**提前计划**：了解目标之后，你立刻开始筹划达成目标的最佳方式。你考虑到所有的事实与数据。你常常提前预测可能出现的问题。

**思维清晰**：你非常专注，能发现别人忽略的方面。

**不受干扰**：你一般喜欢独自工作，或者只愿意与你信任的少数人合作。

## 多维度的你

以上对某个维度的描述，是否恰好是你对特定情境的行为模式？最可能出现的情况是，你在其中一种维度的得分比其他维度高出许多，当然，也有两种甚至三种维度得分都很高的情况。这种情

# 第 2 章
## 发现你的风格

况下，你可能还找不到一个确切符合你的维度，只有进一步阅读第 3 章，才能确认自己更加完整的 DiSC 行为模式。

每个人身上都或多或少存在四种维度，其实人人都是多维度的。你可以利用任一维度去理解他人，也可以选择利用某个维度来调整行为，满足某种情境的需要。作为一名管理者，在与不同风格的员工共事时，你可以借助其他维度的优势。

如果你换一个特定情境再用 DiSC，上次得分较低的维度可能会得高分。DiSC 确认的，仅仅是你在某个特定情境下的思考、感受与行动。想一想：如果你第一次与一名潜在客户见面，你有什么感受？会如何行动？比起与共事多年的同事吃饭，感受是否不同？如果你的团队没有完成目标，你被老板叫去问话，又当如何？

这里有一个例子，一名管理者用两种不同方式应对两种不同的情境。尼克是一家小型法律公司的高级合伙人，管理六名诉讼律师。当一个案子处于调查阶段时，尼克的反应是 C 型的：他敦促团队收集每个证据与每个支持性的案例。然而，当他的团队在开庭前开会时，他的反应成了 I 型：他一直喜欢案例辩论，而且以激情澎湃闻名。在会议上，他给团队成员加油打气，让他们对获胜信心十足。虽然尼克不再亲自出庭，但每次开庭前他都兴奋不已，并把这种活力与激情传递给他的员工。

不同的情境诱发不同的行为模式。DiSC 这一工具的设计，可以使你在面对新情境时一遍遍重新使用DiSC。想想另一个工作情境，再用一次DiSC，将这次与前一次的结果进行对比。

有些人想知道，得分较低的维度说明了什么。如果你在某个维度得分较低，可能你选择的特定情境不需要这个维度，因此某些短语可有可无。某个维度得分较低并不意味着你就站在了这个维度的对立面。例如，一个在D维度得分不高的人，不一定就会犹犹豫豫、吞吞吐吐——他只是在特定情境中未将自己描述成一个直接、果断的人。

## 并非性格类型

慢慢地你会发现，你在某个或几个维度的得分总是很高。虽然DiSC可以识别你的行为模式，但不要以为它可以确认你性格中固定和永久性的东西——你的核心性格。你刚刚做的并非一个性格测试，DiSC无法测试你的性格类型。

性格由一种特殊的基因构成，并随着人们的生活经历逐渐成形。性格是天生的，包含许多方面。例如，有些人外向，有些人内向，这点无法改变。我们无法选择性格。我们的成长方式、教育、经历和天生的精神与情感构造共同塑造了我们的性格。

在众多性格测试工具中，最有名的要数MBTI性格类型指标

# 第 2 章
## 发现你的风格

（Myers-Briggs Type Indicator）。

DiSC 揭示的不是你的核心性格类型，而是你对环境的反应方式。在这种反应方式中，性格至多是其中一半的决定因素，另一半取决于环境。性格与环境（或称情境）相互作用，孕育出思考、感受与行动。

DiSC 并非心理治疗，不会暴露你内心的秘密。许多情境需要的是即时行动，而非长期分析。DiSC 可以帮你采取适当的行动，满足情境及其中每个人的需要。

虽然你无法改变性格，但你可以改变自己对不同情境的反应方式。正是这两者间的区别，使 DiSC 成为一个很实用的工具。

要牢记一点：DiSC 是情境化的——这可以帮你避开"贴标签"的陷阱。贴标签，就是将自己或他人与某个一成不变的 DiSC 维度联系起来。一个给别人贴标签的人，会说"她是 D 型的"或"我是 D 型的"。贴标签往往会导致这样的想法：

- 我是 D 型的，我可以自己做决定，为什么别人觉得我要和他们商量？
- 别让瑞秋参加会议了，她是 C 型的，她会不停地挑刺儿，让项目没办法继续下去。

贴标签既限制了自己，也限制了他人。如果你不想做一件事，贴标签倒是个方便的借口。然而，更加公正、有效的思维方式是，自己和他人都是多维度的，会随情境变化以不同的方式做出反应。

## 两个问题

事实上，DiSC 四种反应也折射出某个情境中人在潜意识里对以下两个问题的不同回答：

- 这个情境对我有利吗？
- 我是否有能力控制这个情境？

你对情境与自身能力的感知，构成了你在某个情境中呈现出某种行为类型的基础。

当你第一次使用 DiSC 时，你的特定情境是挑战型的还是舒适型的？换句话说，你认为情境对你有利吗？

假设你觉得你在情境中受到尊重与信任，你已经和这个人共事了一段时间，工作进展大致顺利，那么你很可能会感觉轻松自在。你舒舒服服，无忧无虑，你的行为是放松的。你认为你身处一个有利环境之中。

换一种情境：你需要指出一个人犯下的重大错误。这时，你可能觉得情境对你不利。在不利的情境中，你时时防备，神经紧绷，坐立不安。你可能觉得自己正受到他人的审视或挑战。一个全新的情境也可能是你的不利情境。

## 第 2 章
### 发现你的风格

接下来，你觉得你拥有控制或改变情境的能力吗？无论情境有利与否，你能改善它吗？

在幕后操纵你行为风格的力量，正是你对情境的评估及对自身能力的感知。对以上两个问题的回答无论是"是"还是"否"，其四种组合都恰好与 DiSC 四种维度一一对应。

- 认为自己所处的情境是不利情境，但是相信自己有能力控制或改变当前情境，这样的人采用的是支配型的行为模式。
- 认为自己所处的情境是有利情境，同时相信自己有能力控制或改变当前情境，这样的人采用的是影响型的行为模式。
- 认为自己所处的情境是有利情境，但是认为自己没有能力控制或改变当前情境，这样的人采用的是支持型的行为模式。
- 认为自己所处的情境是不利情境，同时认为自己没有能力控制或改变当前情境，这样的人采用的是尽责型的行为模式。

## 有关 DiSC 的研究

为什么我们要相信 DiSC 工具给出的结果？

下面介绍一些 DiSC 工具研究的背景资料。DiSC 源于一种人类行为理论，由美国心理学家威廉·莫尔顿·马斯顿于 1920 年首次提出。马斯顿对心理疾病不感兴趣，他感兴趣的是正常人在与周围世界交流互动时的感受和行动。根据这一开拓性研究，马斯顿提出一种常人行为模型，并辨认出四种不同的行为维度。1972 年，Inscape 出版公司，将马斯顿的成果作为进一步研究的基础，最终研发出一套性格分析系统。作为一个全新的学习工具，该系统几乎可以使处于任何情境下的人们理解自己的感受与行动。

### DiSC 一览表

D（支配型）
- ▶ 立即产生结果
- ▶ 采取行动
- ▶ 接受挑战
- ▶ 快速决策
- ▶ 质疑现状
- ▶ 解决问题

I（影响型）
- ▶ 喜欢与他人交往
- ▶ 善于言辞

## 第 2 章
发现你的风格

- ▶ 激发热情
- ▶ 使他人愉悦
- ▶ 乐观看待人和情境
- ▶ 团队参与

S（支持型）

- ▶ 表现稳定，始终如一
- ▶ 有耐心
- ▶ 乐于助人
- ▶ 忠诚
- ▶ 善于倾听
- ▶ 善于营造稳定、和谐的工作环境

C（尽责型）

- ▶ 重视关键指令和标准
- ▶ 关注重点和细节
- ▶ 权衡利害
- ▶ 追求精确
- ▶ 批判性地分析工作表现
- ▶ 采取系统性的解决方式

# 发现
## 你的管理风格

20世纪90年代，经过不懈研究，Inscape出版公司从上千名来自不同人口统计学和职业背景的调查对象那里收集数据，改良并完善性格分析系统。在专业培训及研发环境之外，这是Inscape出版公司的DiSC工具通过此书及该系列其他书的出版，首次与读者见面。

一个类似DiSC的学习工具，只有在测量到其声称可以测量的东西（效度）且测量结果具有一致性（信度）时，才能够提供有益的反馈。但许多大公司使用的工具都缺乏最基本的效度与信度。相比之下，Inscape出版公司的研究保证了这一工具能够提供精确而有意义的信息。

研究者评估一项工具的质量时，首先考虑样本人群。如果样本完全由来自堪萨斯州的男性白人会计师构成，那么这个工具仅对他们有效。Inscape出版公司确保我们的研究样本代表了不同年龄、不同地域、不同行业、不同种族背景的人群。

工具需要信度，也就是说，结果必须具有一致性。专业水平工具的信度系数应该大于 0.70，而 DiSC 的信度系数为 $0.77 \sim 0.85$。

一个高质量的行为工具还需要效度，也就是说它测量到的是它声称可以测量的东西。在制作量表和行为模式反馈（Response-pattern Feedback）时，都需要强调效度。Inscape出版公司的DiSC效度等级，已经被因子分析和多维尺度分析两种数据分析结果证实。

更多内容见该书最后"有关DiSC的研究"部分。

## 第 3 章

# 如何管理自己与他人

发现
你的管理风格

第 2 章描述了 DiSC 行为模式的四个维度：支配型、影响型、支持型和尽责型。某个维度的描述是否与你对情境的反应方式接近？其他因素是否也起作用？

所谓的"其他因素"，就是另一个或两个同样也起重要作用的维度。虽然你的结果可能显示你在四个维度上均有不同得分，但特定得分之上的维度所起的作用更大。

得分较高的维度决定你在某种情境下的 DiSC 行为模式。你的 DiSC 行为模式可以更加完整地描绘出你在某种情境下的思考、感受与行动。它让你去思考如何管理自己与他人。

## 你的 DiSC 行为模式

回顾你在第 2 章填写的得分表。任何大于或等于 44 分的得分即高分。在下面第一栏里，写下你的最高分。在分数下面写下你最高分维度的首字母（D、I、S 或 C）。如果你有第二高分，写在第二栏，依此类推。分数线 44 分是固定的，即使某个维度的得分只比 44 分低一点点也不能写在第一栏内。

| 你的 DiSC 行为模式 | | | |
|---|---|---|---|
| 大于或等于 44 的分数（从高到低） | | | |
| 维度 | | | |

# 第3章
## 如何管理自己与他人

填写完以上表格后，可能出现五种结果：

1．一维行为模式：只有一个维度的得分大于或等于44分。

2．二维行为模式：有两个维度的得分大于或等于44分。

3．三维行为模式：有三个维度的得分大于或等于44分。

4．没有任何一个维度的得分达到44分。

5．四个维度的得分都达到了44分。

DiSC的多维行为模式（二维和三维）中综合了两个或三个维度的特征，这些综合不是积木叠加般简单相加，更像烘烤蛋糕：混合不同分量的不同材料，把它们放入烤箱中，最后做出一个全新的东西。

对多维行为模式来说，维度的不同顺序并不重要，如IC和CI是同一种模式。然而，在两种情形下，顺序不同会产生差异，即DI和ID，还有SI与IS。

**如果你在四个维度的得分都大于或等于44分。** 可能你选择的特定情境让你觉得你能满足他人的需求；又或者无论如何，你都能以一种特定方式回应，因此，你对所有短语的回答都是"精确"或"非常精确"。请记住，在这里回答没有所谓正确或错误；再做一次（本书最后还有一份），更加专注于你选择的情境或重新选择另一个情境。慢慢来，仔细考虑每个短语，重新打分。

**如果你在四个维度的得分都低于44分。** 可能你很难聚精会神

# 发现
## 你的管理风格

思考你选择的情境，或者你跳过了某些短语，又或者你认为某些短语不符合你选择的情境。再检查一遍，确保你没有忽略任何短语。记住：该工具的设计确保了这些短语适用于任何情境。重新做一次，更加专注于你选择的情境或重新选择另一个情境。时间方面没有限制，你尽可能仔细思考每个短语，使用所有数字代表的范畴。

### DiSC 各种行为模式所占的比例

下面的百分比代表研究样本人口中每种行为模式的比例。各百分比相加的总和并不等于100%，因为有些人每个维度的得分都低于44分，而有些人每个维度的得分都大于或等于44分。由下面的百分比可以看出，大多数人都属于二维或三维的复合型行为模式。

| | | | |
|---|---|---|---|
| D | 6% | SI | 3% |
| I | 2% | IS | 4% |
| S | 3% | IC | 1% |
| C | 7% | SC | 12% |
| DI | 3% | DIS | 7% |
| ID | 6% | IDC | 5% |
| DS | 1% | DSC | 5% |
| DC | 8% | ISC | 12% |

# 第3章
## 如何管理自己与他人

## 认识自己

无论你属于一维行为模式、双维行为模式，还是三维行为模式，都请先阅读下面有关一维行为模式的内容，它会加深你对四个维度的理解。为什么要学习这些呢？首先，你遇到的人会使用这四种不同风格；其次，DiSC 是情境化的，不同的特定情境可能产生不同的结果；最后，你可能需要借助其他维度来处理某个情境。

各种组合行为模式的介绍见本书末尾。阅读讲述一维行为模式的章节很重要，不过你没必要阅读所有的内容。如果你属于特定的二维或三维行为模式，仅仅阅读探讨描述自己行为模式的内容即可——这样既可以答疑解惑，又能节省时间。

对一维或多维组合行为模式的介绍都从一般性描述开始，即你在某个情境下会如何思考、感受与行动，然后是观察结论：你的风格对情境有何价值，你想与别人分享何种见解，以及你需要注意的事项。

每个介绍都包含一个短句清单，描述你所属的行为模式如何通过不同的方式表达自身。以下这个清单关注的是：你的风格如何以不同的方式影响你对自己和他人的管理。

- **让你干劲十足的是**：不同的人倾向于不同的激励方式。有人期望认可，有人期待挑战，有人期望得到帮助别人的机会。每种 DiSC 行为模式都与特定的激励因素相关。在你目前的工作环境中，有多少符合你所属行为模式的激励因素？如果这些因素达不到你的期望水平，你可能会采取行动来满足你更多的需求。

- **让你失去动力的是**：怎样减少你工作环境中的负动力因素？它如何影响你对情境的看法？

- **你喜欢的环境是**：人之熊掌，我之砒霜。特定行为模式的人倾向于情境中的某些特定特征。你可以利用这个清单思考：你会采取什么行动，让工作环境更加符合你的倾向与喜好。同时，想想你选择的特定情境是否让你感觉舒适。

- **你逃避或讨厌的是**：人们通常会逃避让他们感觉不舒服的东西。在这种情境中，你在逃避什么？也许你能躲过一些你不喜欢的任务，不过只有少逃避，你才能成为一名更有效的管理者。

- **如何更高效**。情境决定了你的行为模式。如何成为一名更有效的管理者？以下是一些建议。不过，正如 DiSC 工具一样，你要自己决定什么建议对你和情境有利。

# 第 3 章
## 如何管理自己与他人

## ≡ D 型：直接、果断

你直面任务，并自信别人会追随你。对你来说，没什么比权力更重要了。如果有人胆敢挑战你的权威，你会采取行动得到自己想要的东西。你需要掌控局面。赛车手常说，最让他们烦躁不安的，不是以每小时 200 英里（1 英里 ≈ 1.61 千米）的速度在赛道上狂奔，而是在紧急停车站加油或维修——因为此时掌控一切的不是他们，而是工作人员。你对这句话深感共鸣。你可能总是要求或批评别人。你会说："别跟我谈细节，给我我要的结果"。在这种情境下：

- **你喜欢挑战**。如果你的绝对掌控得到保证，你会头一个站出来。你迫不及待地想开始工作并取得结果。你推动事情发展。当你说"责无旁贷"时，你字字当真。你不怕问棘手的问题，你会坚持要求得到答案。即使委员会或小组的一把手另有其人，最后的控制权常会落到你手里，因为你才是事情发展的推动者。

- **你是行动派**。你想得到运行最快的计算机、最新的软件。你喜欢手机、邮件和其他能帮你完成工作的技术。

  如果决策耗时太久，你会感觉非常困扰。别人在细节上或做书面工作时拖拖拉拉，闲谈聊天，你总是打断他们："集中精力，别跑题了。"

你在全情投入前可曾通盘考虑过？你会花时间向别人解释自己的结论吗？如果你照顾他人情绪，他人会得到鼓舞，对你的计划更加热情。如果你通盘考虑，可能会避免一场重大灾难。行动之前，先想想这两点吧。

- **你想完全控制资源**。你很难接受被严密监督。如果必须频繁报告自己的活动计划，你会认为别人把你当小孩子。如果没有自由，你感觉处处受限。如果你的情境需要你做一成不变的常规工作，你会很不快乐。如果看不到任何提拔的机会，你可能会完全丧失工作的兴趣。
- **你直面冲突**。如果可以，你会用自己的权威结束冲突。解雇员工时你的策略是"直奔主题，简单陈述事实，然后离开"。这对你来说很容易，可是对别人呢？

遗憾的是，有些人可能难以适应你的直接方式。你需要采取不同的策略和战术，培养自己的社交能力，以及遇事与他人协商的技巧，达到双赢的效果。

# 第3章
## 如何管理自己与他人

### 支配型风格

**让你干劲十足的是**

▶ 控制工作环境

▶ 指导他人行动

▶ 新的机会与挑战

▶ 提拔的机会

**让你失去动力的是**

▶ 被质疑或拒绝

▶ 对结果仅负有限的责任

▶ 资源获取受到限制

▶ 受到严密监督

**你喜欢的环境是**

▶ 完全有权力决定如何做事

▶ 快节奏

▶ 结果导向

**你逃避或讨厌的是**

▶ 表现软弱

▶ 一成不变、可以预测的工作

▶ 微观管理

> **如何更高效**
> ▶ 解释产生结果的过程，而非仅仅宣布结果
> ▶ 认可别人的付出
> ▶ 做事前花更多时间考虑后果

## I型：乐观、开朗

你关注情境中的人。你喜欢和他们交谈，与他们共事。你积极、热情、激励人心。在这种情境下：

- **你喜欢开会。** 会议可以很短暂，可以临时起意，可以事先安排。对你来说，会议是有用的工具。你喜欢心血来潮的会议，因为那时人们的反应即时而新鲜。你重视会议，因为人人都有机会发表意见。

- **你认为工作应该很有趣。** 你想知道，什么时候这些人才能开怀大笑？你不喜欢的同事包括不友善的人和用寥寥几个字回答问题的人。

- **细节性和重复性工作让你烦躁不安。** 虽然你长于创意，却短于贯彻执行。比起事先准备，你更可能利用你的人格力量推动计划实施。然而，细节举足轻重，你绝妙的想法需要事实

# 第3章
## 如何管理自己与他人

与案例的支撑。如果你能够想出系统性的方法将自己的想法付诸行动，你会是一名更高效的管理者。仅仅说"相信我"是不够的，你需要自始至终地关注一些关键细节。

- **你喜欢社交与闲聊。**会议、电话及闲聊占用了你许多时间。虽然工作导向的社交活动可以建立珍贵的业务关系，但你的时间得到充分利用了吗？

- **你想方设法避免冲突。**冲突让你不安。你不现实地幻想人人都是朋友。试着将冲突当作解决重大问题的契机吧。凭借你非凡的人际技巧，你能够胜任这一挑战！

### 影响型风格

**让你干劲十足的是**
- 与他人交谈
- 即时的口头反馈
- 真诚的认可
- 理解你的感受

**让你失去动力的是**
- 寡言或不友好的同事
- 严格的日程
- 悲观

发现
你的管理风格

> ▶ 常规性、细节性的任务
>
> 你喜欢的环境是
>
> ▶ 快节奏
>
> ▶ 积极的反馈与认同
>
> ▶ 多样性与创造性
>
> 你逃避或讨厌的是
>
> ▶ 冲突
>
> ▶ 缺少赞同
>
> ▶ 细节性或重复性的任务
>
> ▶ 独自工作
>
> 如何更高效
>
> ▶ 培养时间管理技巧
>
> ▶ 更现实地评估他人和环境
>
> ▶ 约束可能会使矛盾升级的冲动反应

## S型：理解、合作

也许你正在竭尽全力帮助别人。你的绰号就叫"合作"。你公平正直，通情达理。即使误解存在，你也相信事情终会得到解决。你喜欢秩序分明、权责明确的环境。在这种环境下：

- **如果一种方式行得通，你会一直使用它**。你不喜欢为了变化而变化。虽然你可以逐渐适应新事物，但是你并不愿意改变目前依然行之有效的方式。你不愿花时间学习新的计算机程序，除非它可以显著提高工作效率。你不会莽撞行事。虽然你不喜欢改变，但只要理由正当、明确，你会支持变化，避免冲突。

- **你不喜欢打破现状**。冲突，尤其是一对一的冲突，让你疲于应对。你需要感受到管理者或其他团队成员的支持。如果他人意志坚决，你通常会表示顺从。你甚至会为确保团队和睦而对问题置之不理。虽然你努力安慰别人，但面对冲突，你深感无力。你关心他人，非常忠诚，但你应该学习一些技巧，以坚持立场，不再把想法闷在心底。有时候坚持己见也很重要。

## 支持型风格

**让你干劲十足的是**

▶ 与他人合作

▶ 权责明确

▶ 提供良好的服务

发现
你的管理风格

> ▶ 工作安全、有保障
>
> 让你失去动力的是
>
> ▶ 快速、无法预测的变化
>
> ▶ 竞争与挑衅
>
> ▶ 缺少管理者或同事的支持
>
> ▶ 冲突
>
> 你喜欢的环境是
>
> ▶ 可预测、有秩序
>
> ▶ 和谐、非正式、友好
>
> 你逃避或讨厌的是
>
> ▶ 无法预测或不确定的情境
>
> ▶ 无组织、无秩序的工作环境
>
> 如何更高效
>
> ▶ 一步步地尝试更加灵活地应对非常规情境和变化
>
> ▶ 学习一些技巧，有需要时可以帮你坚持立场

## C型：专注、准确

你小心谨慎、深思熟虑、矜持含蓄。你希望行事得当，准确无

## 第 3 章
### 如何管理自己与他人

误。你喜欢逻辑性、系统化的工作方式。你想控制能够影响最终成果的所有因素。一天结束之际，你希望别人认可你的辛勤工作。在这种情境下：

- **你想在一个平静、公事公办的环境中独自工作。** 比起交谈，你可能更倾向于书写；比起闲聊，你可能更喜欢备忘录。非正式或组织松散的工作环境让你不安，需要社交的情境让你不适。你不想与别人分享私生活。

- **凡事面面俱到。** 你想先处理信息，再投入行动。你重视每个细节与最终结果。你会极其仔细且一而再、再而三地考虑所有事情，包括好处与坏处，原因与结果。你会三思而后行。无论你为一项工作花费多少时间，付出多少努力，事情一旦完成，你就开始考虑这个项目如何能够做得更好。你担心你会忽略某个致命的缺陷。你也可能犯错！

  如果你无法控制影响工作质量的因素，你会尽力避免承担责任。可是无论你做什么，很多东西还是会超出管理者的控制范围。如果你一个人烤苹果派，你可以选择自己喜欢的苹果，选择加白糖或红糖、桂皮或肉豆蔻，还可以自己决定外皮要烤多焦脆。然而，作为一名管理者，你要与一群各执己见的人"共烤一个派"。

- **面对冲突，你沉默以对。** 你避免情绪化的情境。面对无法避免的冲突，你的第一反应是高度戒备。你可能会先退一步，之后用事实与逻辑支持你的立场。如果这种方式无效，你可能采用非正式的应对方式，如消极抵抗。你可能变得非常刻板，拒绝提供信息，或者干脆停止执行任务。

- **你是个完美主义者**。高标准固然好，但你可能对自己和他人都过于严苛了。你是否因为追求事事无误而错过了最后期限呢？这可能会降低你的管理效率，从此受人诟病。要知道，追求完美只会让你非常痛苦。评估工作时你应该考虑别人的感受及事实因素。你要尝试适应改变，与人分享，拓展思路，并向他人征求意见。你应该给自己"减负"。没有人（可能除你之外）指望你提供所有问题的答案。

## 尽责型风格

**让你干劲十足的是**

▶ 希望自己是正确的

▶ 逻辑性、系统化的工作方式

▶ 因高质量与精确得到奖励

▶ 明确的反馈

**让你失去动力的是**

▶ 经常变动的规则或预期

## 第 3 章
如何管理自己与他人

- 没有时间处理信息
- 强制性社交活动
- 缺少质量控制

你喜欢的环境是

- 拥有足够的时间和资源来达到你的标准
- 含蓄、公事公办、任务驱动

你逃避或讨厌的是

- 受到批评，尤其是在缺乏控制时
- 缺少时间去评估结果
- 情绪化的情境
- 透露个人信息

如何更高效

- 更开放地对待他人的工作方式
- 把别人对你工作的评价视为帮助
- 放松，你不可能永远正确

## DiSC 组合

如果你的行为模式是多维的，请参照本书后面对组合行为模式的描述：

**发现**
**你的管理风格**

- DI 型：积极活跃、喜欢主导；
- ID 型：善于表达、乐于参与；
- DS 型：自我激励、乐于助人；
- DC 型：独立自主、善于分析；
- SI 型：处事灵活、提供支持；
- IS 型：激励他人、愿意合作；
- IC 型：机智敏锐、忠诚可靠；
- SC 型：礼貌待人、追求准确；
- DIS 型：舒适、投入；
- IDC 型：自信、果断；
- DSC 型：敏感、准确；
- ISC 型：敏锐、体贴。

# 第 4 章

# 我是管理者，不是读心人

# 发现
## 你的管理风格

到目前为止，你一直都在使用 DiSC 了解自己，现在你可以使用这一工具来了解员工的想法了。对 DiSC 四个维度的理解会帮你识别他人的反应，并发现这些反应对你的意义。

你不是一个读心人，不可能洞悉他人所思所想。然而，你可以解读他人的行为。人们的所作所为是一种表达其所思所感的方式，可以向你提供一些线索。

DiSC 可以锻炼你的观察技巧，让你发现线索。DiSC 也可以将你的观察结果归入不同模式，让你更好地了解他人，选择正确的管理策略。虽然通过试错的学习方法，你最终也可以掌握这种技能，但想想你要花费的时间成本、金钱和情感投入吧。DiSC 可以帮你节约三种珍贵的资源。

使用 DiSC 时，一定要牢记"在情境中"。和你一样，每个员工都是多维度的，他们在不同的情境中反应不同。例如，一个新员工在第一次团队任务中表现为 S 型，而当她与团队成员熟悉后，可能会表现为 I 型。

有一点很重要：不要给他人贴标签（如"他是 S 型"）。贴标签不仅对他人不公平，而且你据此选择的管理方式可能并不适合当前的真实情境。

用 DiSC 聚焦一个涉及你与他人的特定情境，可以避免过度简化和泛化。也许这个情境让你感觉舒适，但也有可能让你感觉挫败、

# 第 4 章
## 我是管理者，不是读心人

困惑，甚至愤怒——正因如此你才会选择这个情境。DiSC 可以帮助你确定在该情境下最好的行为模式，帮助你更清晰地与他人沟通交流，向他人分配任务，帮助做决策，解决问题，提高士气，认可高水平的工作或改善低水平工作。

DiSC 可以帮你做出有效的管理决策，消除情境中的紧张和误解。

## 与他人分享 DiSC

让他人使用 DiSC 并分享结果，是了解他人行为模式的最好方式。如果你学到的内容让你兴趣盎然，那么不妨与他人一起分享吧！

最理想的情况是，你的同事都使用 DiSC 并分享结果。一个理解 DiSC 的团队可以营造合作、包容与信任的氛围——这些是如今日趋多样化与团队导向的工作场所中取得最佳工作成果的关键。也许学习 DiSC 最大的好处就是，同事在探讨感受、思考与行动时能够使用一种大家都能理解的共同语言。这种客观、非评价性的语言描述的不是"应该如何"，而是"这是什么"。DiSC 可以帮助团队提高交流水平，抛开"个性冲突"，共同关注问题。

如果你想得到专业指导，可以和 Inscape 出版公司联系，他们可以提供适用于各个行业且经过认证的 DiSC 培训师。如果你毫无经验，先不要去指导别人。我们的建议是，每次只向一个人介绍 DiSC，

**发现**
你的管理风格

一切顺其自然。当然，你也可以将这本书推荐给愿意自学的管理人员。

成年人往往根据自己的需要，"适时"学习。正如一句俗语所说："学生准备好了，老师自会出现。"如果你试图让一个没准备好的人对 DiSC 感兴趣，简直是自讨苦吃。

如果你要求别人使用 DiSC，他们可能担心这是一个测试。这时候，你应该把重心和责任转移到自己身上，清楚地解释你的目标是成为一个更有效的管理者，向他们保证这里没有所谓的正确或错误答案，承诺你的目标并非检验与修补，而是发现与利用。遵守你的承诺，兴致勃勃地谈论使用 DiSC 带来的收获。

如果情境中的每个人都坐到桌旁使用 DiSC，分享各自的结果与心得，那真是再好不过了。然而，在你生活的现实世界里，你需要合理推断他人在情境中的反应，即你需要培养自己"阅人"的能力。在下列情境中，你会发现"阅人"很重要：

- 管理一群员工；
- 间接或偶尔管理他人；
- 觉得让自己的老板使用 DiSC 不合适；
- 与一个自由职业者短暂共事；
- 希望能够更好地理解每位顾客。

以上情境中，你可能觉得不借助 DiSC 也能够解读他们的行为模式。因此，你需要观察他们的行为，解读他们的反应。在本章，

# 第 4 章
## 我是管理者，不是读心人

你将学会观察人们在表现为不同行为模式时的信号。这些信号都是你可以观察到的行为。请注意他人说了什么，做了什么，以及如何说，如何做。

## 信号

下面的清单会帮你合理推断他人在某个特定情境中的可能反应。阅人术不像 DiSC 那样精确，你可以识别出一种较高的维度，却无法识别一维、二维或三维行为模式。尽管如此，它仍然可以帮你解读现实管理情境。

就像使用 DiSC 一样，首先选择并写下一个特定情境，使用 DiSC 时牢记该特定情境。然后，选择一个管理他人的情境，观察：

- 此人如何与你交流；
- 在此情境中此人如何与你及他人共事；
- 在此情境中此人如何应对任务、问题或变化。

考虑特定情境时，你可能需要复制下面这份清单并圈出所有相符的条目。你可能不会圈出一种行为模式下的所有条目：一方面，并非所有条目都具有相关性，例如，在一个日常工作情境中你无须观察人们如何应对变化；另一方面，每个人都是多维度的。虽然一个人在某个或几个维度水平较高，但他的行为实际上同时反映了四个维度的不同水平。

即便存在上述限制，这份清单仍然可以强化你对他人行为的知觉。目前，你要专注于他人的行为，而非你的感受。即使你感觉沮丧或愤怒，也要暂时搁置你的情绪。你可以将自己想象成一名受雇观察情境的咨询者：你是一名不偏不倚的观察者，结果与你毫无利害关系。之后你完全可以将自己置入其中，但首先你要完全专注于别人。通常人们最关注的就是自己，这是人性。将注意力完全集中到情境中他人的身上，是一次很有意义的"灵魂出窍"式的体验。

除了清单上的条目，问问自己隐含在 DiSC 四个维度下的两个问题：此人的行为是身处有利环境还是不利环境中的典型行为？此人的行为是身处能够控制或改变情境下的典型行为，还是身处不能控制或改变情境下的典型行为？

无论如何，请记住，你的结论仅适用于特定情境。换一个情境，同样的人可能会有不同的反应，千万别掉进"贴标签"的陷阱。

# 第4章
## 我是管理者,不是读心人

## D 型行为模式的信号

### 与人交流时

- 大声
- 果断
- 打断他人
- 直接
- 好动
- 正式
- 爱提问
- 有时过于生硬

### 与人共事时

- 喜欢控制
- 想制定规则
- 要求独立工作
- 可能缺少耐心
- 喜欢竞争

### 直面任务、问题或变化时

- 问问题时往往以"什么"打头
- 目标导向
- 寻找问题来解决
- 促成变化发生
- 坚定不移

**发现**
你的管理风格

## I 型行为模式的信号

**与人交流时**

▶ 外向

▶ 友好

▶ 热情

▶ 随意

▶ 有说服力

▶ 有魅力

**与人共事时**

▶ 喜欢并擅长合作

▶ 建立共识

▶ 让人们兴致勃勃

▶ 召集他人共同完成工作

**直面任务、问题或变化时**

▶ 问问题时往往以"谁"打头

▶ 要求与他人共事

▶ 引入新的观点

▶ 如果别人也同意的话,可以接受必要的变化

# 第 4 章
## 我是管理者,不是读心人

## S 型行为模式的信号

**与人交流时**

- ▶ 安静
- ▶ 机智
- ▶ 友善
- ▶ 随意

**与人共事时**

- ▶ 敏感地察觉他人的需求
- ▶ 关心他人的幸福
- ▶ 耐心
- ▶ 随和

**直面任务、问题或变化时**

- ▶ 问问题时往往以"如何"打头
- ▶ 希望与他人共事
- ▶ 提供意见
- ▶ 更喜欢服从而非领导
- ▶ 善于识别问题
- ▶ 不喜欢变化

**发现**
你的管理风格

### C 型行为模式的信号

**与人交流时**

- ▶ 谨慎
- ▶ 克制
- ▶ 私下进行
- ▶ 正式

**与人共事时**

- ▶ 喜欢独自工作
- ▶ 缺少耐心

**直面任务、问题或变化时**

- ▶ 问问题时往往以"为什么"打头
- ▶ 喜欢有条理的工作
- ▶ 喜欢有条不紊
- ▶ 注重细节
- ▶ 希望行事得当
- ▶ 发现问题
- ▶ 承担责任
- ▶ 希望事情保持原样

# 第 5 章

# 四维扩展

DiSC 可以帮助你收集有关情境及情境中每个人的信息，但如何使用信息，要由你自己决定。

1．维持现状。

2．利用你的第一维度管理情境。

3．调整你的管理风格来满足情境需要。

每个选项都比前一个选项要求你付出更多，但潜在回报也会更多。如果停留在一个水平而无法处理目前情境，你需要上升至另一水平。然而，有时维持现状就是最好的选择。先考虑第一个选项，再往下看，直到找出你认为适合这个情境的选项为止。

## 维持现状

有意识地选择维持现状，并非对情境的忽视，而是采取行动的一种方式。问自己三个问题：

1．这个情境对我重要吗？

2．有可能改变情境吗？

3．为改变当前情境投入时间和精力值得吗？

你的管理不可能也不应该事无巨细、面面俱到，你的时间、精力与资源在其他地方可能有更好的发挥空间，你可以根据情境的发展选择如何采取行动，首先保持一个开放的心态。

**第 5 章**
四维扩展

如果你打算停留在第一个选项,先考虑下维持现状可能的结果。如果你和某人工作关系紧张,你会避免与他接触吗?你会小心翼翼、恭恭敬敬吗?你会等待紧张升级直至爆发吗?你会隐藏情绪却心怀怨恨吗?

想一想:如果现在采取一点小行动是否会提高效率或减少压力?许多时候,变化虽小,结果却从此不同。

## 利用你的第一维度管理情境

如果你选择采取行动,请考虑第二个选项:利用你的自然风格管理情境。这个选择有两大好处:发挥你的最大优势;继续留在舒适区。

重新阅读一遍对你最高维度的描述和你的行为模式,这次寻找可以用于此情境的优势。帮助你管理这个情境的,除了 DiSC,还有你的技巧、知识和经验。

如果你感觉自在,可以选择一个适当的机会分享你对自己与情境的理解。你的 DiSC 知识可以让你清晰地表达感受与想法。DiSC 提供的客观、实际的描述可以帮助每个人获得清晰的思路,保持情感距离。

如果你事先告知同事哪些地方让你不适,许多情境都可以得到改善。让他们知道什么会让你恼火。对你的预期了解更深后，他们就不会另眼看待你的某些特定反应。

在某些情境下，管理者需要他人的调整来满足或部分满足自己的需求与愿望。然而，别人未必能够领悟到你看重的事物。因此，让他们知道你需要什么很重要，如大纲或细节。

有些管理者通过下达书面"指令"的方式将这个过程正式化。例如，一名管理者列了一份"你应该知道关于我的 6 件事"的清单。虽然这听起来有些专制，不过与此同时，他也向每个人都要了一份这样的清单，从而开辟了双向分享信息的渠道。

另一名管理者（倾向于 C 型）在一张卡片上列出一份"我需要做的事情"的清单，并把它贴在桌面抽屉内的隐蔽角落。这张清单提示他需要与员工分享的信息，例如，"提醒他们你需要所有数据"。

你要清晰、明确地向别人解释你的行为模式，不过，对与你维度不同的人来说，你的"直接"可能就成了"粗鲁"。这时，不妨用案例解释情况。

记住，DiSC 四个维度没有好坏，每个维度都有许多优势，有些可能恰为情境所用。

利兹是一名受人尊重的郊区大型中学的校长，她是典型的 D 型风格。每天她都要管理许多情境，涉及老师、员工、学生及其父母。她生活中棘手的情境比比皆是，需要快速决策。如果学生举止不当或发生安全问题,人们离开她办公室时要得到明确的解决办法。

通常利兹只需保持自己的风格,就能干得很好。然而,保持风格并不意味着她从未在适当的时候改变自己,使用不同维度。利兹明白自身风格的局限性:她的工作需要细节、支持与激情,因此她学习倾听、培养耐心、尝试征求他人意见并更委婉地表达观点。然而,她的自我描述仍是果断、直接——一个典型的 D 型员工,她不想成为其他人。她在别人眼中真诚而自如,并且广受学校师生和社区居民的尊重与喜爱。

当然,自然风格下的你工作效率最高,感觉也最自在。因此,可能的话,自由自在地做自己吧。

## 调整你的管理风格来满足情境需要

第三个选项需要你迈出第一维度,调整自己的管理风格来得到想要的结果。调整意味着从一维管理扩展到四维管理,使用另一种维度满足情境的需要。调整只是针对一个特定情境的实际解决办法,并不需要你改变自己。

你只有理解情境的真实情况,才能做出有效调整。人们常常心存这样或那样的假设,因此你需要 DiSC 来检视事实。

**发现**
你的管理风格

## ○ 什么是调整

卡珊德拉最近被提拔为一家儿科诊所的护士长，管理 10 名护士。晚春时节，诊所像往年一样需要处理大批来自野营基地和学校夏季运动会的健康表格。卡珊德拉没时间筹划更好的处理方法，她决定让一名叫布鲁斯的护士设计一个有效的程序，以便高效处理表格。

卡珊德拉把布鲁斯叫进办公室："你需要做的就是这些。"她介绍了大致情况，并指示布鲁斯该如何组织工作。

布鲁斯刚接受这个工作时非常兴奋，但这种兴奋劲儿随着卡珊德拉的逐条指示逐渐褪去了。她脑子里酝酿了不少好点子，但卡珊德拉对此毫无兴趣。10 分钟后，布鲁斯沮丧地说："我觉得这样做不行。"

卡珊德拉听到这句话非常震惊，略带讽刺地问："那你有什么高见呢？"

让她吃惊的是，布鲁斯确实有好点子，而且许多听起来颇有道理。原来，布鲁斯之前就曾做过类似工作。

布鲁斯越说越兴奋，卡珊德拉逐渐被她感染，不由得对她刮目相看，最后对她说："我希望计划周五前就得到执行。"

布鲁斯在第二天交给了她一份出色的方案。诊所轻松度过了忙碌期，病人和员工都很满意这个全新的系统。

这个结果让卡珊德拉很满意，但她之后分配工作时仍然固守她过去那种时灵时不灵的方式。后来因为一次偶然的机会,她参加了医院为新管理者提供的研讨班,并在一次学习中使用了 DiSC。她选择的特定情境是与布鲁斯的会面交流。她意识到,自己给出详尽、系统的方案,这是典型的 C 型风格。虽然其他护士能接受这种方式,布鲁斯却不吃这一套,她直截了当地让她倾听自己的想法,渴望有自主权。她从学习中得知布鲁斯是 D 型风格。在那次交流中,卡珊德拉转换了方式——她不情愿地做出了调整,让布鲁斯用自己的方式制订计划并向她报告。在获得权力并承担责任后,布鲁斯出色地执行了这个方案,她需要的是了解全局,免受控制与监督。

卡珊德拉意识到,让事态向好的方向发展的,正是她愿意调整的心态。

## ○ 走出舒适区

调整是软弱的表现吗?恰恰相反,它是一种积极的方式。调整就是采取行动。调整意味着满足员工的所有需求吗?你确实需要考虑他们的需求,但是也得考虑自己和组织的需求。

再小的调整也会让人不适,全新的风格可能叫人心生顾虑。

每种员工在经历调整时都会产生不适。

- D 型员工害怕失去控制,因此授权让他不安。
- I 型员工害怕被社会排斥,因此直面他人让他不安。

- S 型员工害怕突然的变化和他人的拒绝。这两种顾虑使他不愿引发变化，如果此时他人不喜欢他做的事情，情境会岌岌可危。
- C 型员工害怕被批评，错误风险的存在让他不安。

其实，你的顾虑恰恰源于你的优势——无须为此羞愧！例如，C 型员工，你的工作品质会很高。如果过于灵活机变，可能会降低工作品质。

所以，评估一个情境时，你要诚实地面对自己的不适。想想这些不适是否有据可循。你曾与此人置身于类似的情境中吗？调整的风险是什么？可能的回报又是什么？

## ◯ 调整小贴士

调整让你的风格得到扩展，就像伸展肌肉一样，你练习得越多，就越容易扩展你的风格。你变得更加灵活，你能扩展得更远，也更轻松。

如果对于调整，你依旧力不从心，下面是一些助你起步的小贴士，这些方法曾经帮助过其他管理者锻炼调整这种珍贵的技能。

- 通常你无须改变自己做的事情，只需改变做事的方式。
- 从小处着手。通常小的调整就能带来很大改观，慢慢来。
- 不要在非常危险的情境中开始你的第一次调整，先从风险低、利害小的情境开始。

# 第 5 章
## 四维扩展

- 可以从一个进展顺利，尚可进一步改善的情境开始。
- 想得到有价值的信息，只需要问他人："情境里什么对你比较重要？"他人的回答可以帮你确认最有效的调整类型。也可以使用其他问题，例如，"我要怎么帮忙？""你怎样看待目前的情形？"
- 征询他人的反馈，了解你的调整是否恰当。例如，分配任务时，你可以问："这些信息够了吗？太多了还是太少了？"
- 最后，总结、反思调整结果。调整的结果如你所愿吗？下次可以做出哪些改变？

第一次尝试生效后，下一次调整会自在许多。

记住，并非任何时候你都需要调整。在许多情境下，你可以继续利用你的第一维度。

你是否担心人们将你的调整视为操控？无须担心。对于你的调整，其他人的感受会因风格不同而有所不同，但重要的是，他们感受到的是尊重、感激、理解、重视或安慰。

如果其他人也开始调整，不要觉得惊讶。你向他人迈出一小步，他人也会向你迈出一小步——甚至一大步。他能看到你的努力，这就足以消除紧张、建立联系。不要以为愿意并且能够改善关系的只有你一人。

总而言之，要慢慢来。

## 并非万应灵药

迄今为止，我们已经讨论了 DiSC 如何帮你理解与改善管理情境。诚然，DiSC 非常有用，但就像所有工具一样，它无法解决所有问题。

如果你汲取自身维度所长且调整自我风格之后，情境艰难如故，你就要考虑此情境是否需要采取其他策略。

DiSC 帮助你从不同视角理解相同情境。然而，视角不同并非冲突的唯一来源，以下原因也能够导致冲突：

- 价值观不同（可能触犯的是他人非常珍视的原则，如公正）；
- 预期不明；
- 缺乏资源（人手不够、资金短缺）；
- 缺少工作技巧或经验；
- 组织的变动与过渡；
- 缺少共同目标；
- 不受欢迎却必不可少的管理行动（信息保密、法律需求、上级命令）。

即使在以上情境中，DiSC 仍然可以帮你达成共识，缓解紧张情绪。

# 第 5 章
## 四维扩展

## DiSC 的日常使用

从维持现状到自我调整，你的选择范围很广。你选择费时长短视情境涉及的范围与重要性而定。也许你只需要短短一分钟的思考时间——但无论长短，一定要给自己思考的时间。

你可以静静待几分钟，或者出去散个步，思考自己的选择。在不熟悉或复杂的情境中，不少人会把自己的想法写下来。有人喜欢信手涂鸦，有人喜欢与信任的同事或家人商量。思考时，本章及以后章节中提到的一些方法都可以为你所用。

可能你会问："我哪有时间做这些？"你不妨将思考的时间作为一项投资，占用现在的几分钟可以为将来节省更多的时间。这样，你能减少工作差错，也能够更加放心地分配任务。员工流动率可能也会降低——想想你能省下多少培训新员工的时间吧。

DiSC 日常使用耗时不多，一旦你熟知这四种基本风格，你就可以在情境发展过程中使用 DiSC。你每天都要管理不同的人与情境，没有必要一有新情况就坐到桌边使用 DiSC。

面对棘手或复杂的情境时，不妨考虑正式地使用一次 DiSC。你与他人水火不容吗？你的部门是否面临重大变革？

使用 DiSC 后，反思结果。哪些有用，哪些没有用？下次可以

**发现**
你的管理风格

怎么做？

你使用的次数越多，以后就会更加自觉自愿地使用 DiSC，它的功效也会越发强大。之后的章节会教你如何起步，首先是如何在基础管理任务如培训与交流中使用四个维度，其次是日常任务如授权和反馈。你将学会如何将 DiSC 付诸实践。

### 我的行动计划：情境处理

▶ 我对此情境的 DiSC 自然反应是什么？

▶ 情境中还涉及什么人？他如何反应？（或者你认为他会如何反应？）

▶ 情境的首要需求是什么（包括你的目标、组织预期和员工个人喜好）？

▶ 选择（通读一遍，圈出你的选项）：

 1. 我想采取行动吗？换言之，此改变值得吗？

 2. 我想采用自然、惯常的风格吗？这会给情境带来哪些优势？

 3. 我想调整管理风格以满足情境需要吗？如果准备调整，我该怎么做？我有什么顾虑？

▶ 我要对此人采取的特别行动（包括内容、时间与方法）。

▶ 执行计划，反思结果。你从中学到了什么？如何更有效地管理他人？有哪些适当的后续行动？

# 第 6 章

# 四维管理

如果你管理的员工某个维度较高，想想你可能面临的机会与挑战。基于自身对情境的反应，下面的建议可能有些执行起来游刃有余，有些则颇费力气。无论其反应风格如何，你既可以利用自身优势满足情境与他人的需求，也能得到许多调整机会。

## 管理 D 型员工

D 型员工在独立做事时工作成效最佳，他们渴望的是自我管理，那么你该如何管理他们呢？如果想得到他们的尊重，就自信、直接、清晰、明确地表达你的预期，对他们充满信任。如果你不想和他们硬碰硬，在尊重对方的同时，还要利用你的优势与技巧。

如果经验告诉你，这个人在自主决定时能干得很出色，那么你的最佳管理方式是给予支持与空间。即使事情进展不顺，你的干预也只能持续到事情重回正轨之时。微观管理并非管理 D 型员工的最佳方式。

D 型员工要掌控局势，会不遗余力地从你或他人手中夺取控制权。下面是一个常见的例子：李接手了一项分配给丹小组的工作。他参与的初衷是认为自己的技能对这项工作有所帮助，然而他"热心过头"，最后干脆全盘接手。虽然他工作出色，但毕竟是插手了别人的工作。你可以告诉他，他干预了别人的工作，他自己的工作领域最需要他的技能。还有，如果他有空，可以和他讨论一个让人兴奋的新项目。

## ○ 如何交流

**只谈事实。**省去套话，直奔主题，以最少的言语传递最直接、清晰的信息。

**警惕选择性倾听。**D 型员工常常只能听见并记住自己认同的部分，所以你在说话时要观察他心不在焉的迹象，向他征求意见，把他拉回目前的交流中。

**使用书面记录。**另一个防止选择性倾听的方法，是准备一个简洁的大纲或日程。D 型员工会因此赞赏你的效率，而你在他们遗忘时仍然保留着书面记录。

**询问解决方案。**听取他们的意见，深思熟虑后分享你的看法。D 型员工偏爱自己的解决方案，你一方面要指出他们的思维缺陷，另一方面要欣赏其中值得肯定的部分。记住，他们可能会忽略计划的一些内涵与细节。

## ○ 如何指导

**关起门来。**他憎恨丢脸，你的私下反馈要积极坚定、实事求是，让他知道控制权在谁手里；眼神交流要稳，不要被他摆布。

**专注细节。**下达一般性指令（会被忽略）或间接提出批评（会被憎恨）是没有效果的，要专注于目标及阻碍目标实现的特定障碍。

**肯定他人的作用。** D 型员工虽然可以大力促成行动，却可能被视为冷酷无情、要求甚高，甚至独断专行。因此，指出其行为对他人的影响，可以帮助他与整个团队获得成功。要一遍遍向他强调，同事是成就彼此的关键。

## 管理 I 型员工

如何最大限度地利用他们的激情与乐观？在团队需要正能量时召唤这些人：让他们为你赢得对新程序或变革的支持，邀请他们参与头脑风暴，依靠他们使工作具有多样性与灵活性。

I 型员工的人际关系技巧是一笔巨大的财富。他们与别人相处融洽、倾心交谈，非常容易赢得人心。

社会认同是他们最大的动力。如果他们工作异常出色，你可以在部门会议、嘉奖聚会或公司新闻中大大宣扬一番。

只要你报以同样的热情，他们就会热切地追随你。

### ○ 如何交流

**倾听。**他们喜欢交流，无所不谈。他们能轻而易举地融入有趣、开放、自由的对话中。不过，他们可能常常打断别人，因为他们实在太喜欢交流了。他们真的非常渴望你的倾听。

# 第 6 章
## 四维管理

**请他们共进午餐**。如果你要和他们商量事情,选择一个友好、放松、非正式的环境。给他们足够的时间分享一些故事、经历与想法。

**频繁检查**。他们"不会执着于细节",因此你要掌控局势。他们常常敷衍或完全忽略你的指令。I 型员工容易忽视细节,因此你得用书面方式记录下你的优先事项、检查日期与最后期限,不忘时时检查。

**询问内容、时间、地点与方式**。这些问题能够将大体思路转化成实用的计划。经常向他们询问这些问题——如果可能的话,依次询问:"你想做什么?""你想怎么做?""什么时候完成?"

**注意时间**。与这些人的会面可能耗时过长。他们会情不自禁,甚至可以滔滔不绝地说上一整天!交流开始前,你可以明确说明自己在某个时间要去某个地点,从而限制交谈时间。

**明确已经做出的决定**。讨论结束时,要他们写一份关于最后决定的总结,以确保他们倾听并理解每个事项并检查每个重点与关键细节。

## ○ 如何指导

**私下进行**。人前受到批评是 I 型员工的最大噩梦,在整个团队面前被人批评简直就是灾难。因此,遇到问题要与 I 型员工私下交流。

**提高贯彻执行能力**。I 型员工很大的一个弱点,就是难以坚持到底。工作初始干劲十足,但无可避免的细节、程序和种种麻烦会消磨他的动力。虽然自律很重要,但他律——你的指导也必不可少。当计划执行阶段变得枯燥无味甚至痛苦不堪时,你的激励和赞赏可以重燃他的热情。

## 管理 S 型员工

S 型员工友善、耐心、乐于合作,相处起来轻松自然。他们想帮助你。他们不想领导——他们希望被领导。你要明确表达你的预期,别让他们猝不及防。

S 型员工重视关系。刚开始,他们可能对你非常友善,却有些矜持。你要给他们足够的一对一的交流时间,让他们感觉自在惬意,向他们表明你愿意接受多元意见,喜欢与他们共事。与他们建立了深厚的关系之后,你会赢得他们的忠诚。

### ○ 如何交流

**闲聊**。和 S 型员工闲聊非常轻松愉快。他们机智聪明,敏感体贴。你可以定期与他们进行悠闲的非正式讨论。一段放松的咖啡时光足矣。

**征求意见**。他的支持和随和可能让你以为他毫无意见,事事赞同。事实上，他希望在决策前指出问题，发表意见——但你要主动询问。

**保持沟通顺畅**。即使问题存在，他也不会公开发言。他不想多惹事端，因此即使内心煎熬，还是会听从你的指示，会不遗余力地避免冲突。你要花时间理解他对情境的看法与感受，他需要安全感。对他们的多次帮助表示感激，表示你愿意尽己所能回报他的忠诚。

**专注**。不仅倾听他的说话内容，还要注意他的声音、动作与行为模式。这里有个例子：佩吉是一名产科护士，有一天她上班迟到了。前一天晚上她参与了好几台复杂的分娩手术，几乎一夜未眠，她脸色苍白，浑身乏力。然而，当同事像往常一样和她打招呼说"嘿，佩吉，今天怎么样"时，她像往常一样回答："很好。"

"你怎么会很好？"前台护士问道，"你在这里待了几乎一个晚上。"

佩吉回头厉声说："你知道'很好'是什么意思吗？它意味着沮丧不安、神经兮兮、精疲力竭。"她情绪失控了。

## ○ 如何指导

**培养自信**。S 型员工的主要缺点是过分谦虚。通常 S 型员工信心越大，效率就会越高，所以你可以多赞赏他们出色的技能与成就。

**克服对变化的恐惧**。他们渴望稳定，变化，尤其是突如其来、无法预料的变化，对他们来说是个巨大的挑战。因此，谈论变化时要语气沉稳，有条不紊。与他们共同设计一个按部就班的计划，包括检查时间与完成期限。鼓励他们当场发问或之后主动指出存在的问题。

## 管理 C 型员工

他们分析每项决策与指令。他们的目标不仅仅是完成工作，而是完成得"完美无缺"。如果无人催促、推动，他们会不知疲倦地把一项工作检查一遍又一遍，永远没有完结的时候。

向他们分配任务时，你不仅要给他们尽可能多的背景资料与细节，还要给他们适当的研究与思考时间。

他们额外花费的时间能带来高明的见解。然而，C 型员工的巨细无遗会拖住整个团队的步伐。因此，什么时候需要细心，什么时候不需要——你要做出判断。

### ○ 如何交流

**不要一起吃午餐**。工作餐让他们抓狂。一个人怎么可能一边吃东西一边完成严肃的工作？对他们来说，更好的方式是在办公场所会面，如你的办公室或会议室。与他单独交流，事先告诉他需要做什么准备。事先为团队会议准备一份书面日程。

**开门见山**。首先陈述会面的目的，然后有条不紊地讨论每个主题。不要闲聊球赛、天气或孩子等——这会让他们坐立不安，极不自在。

**精确**。谈话时尽量用语简洁。约翰和戴维有两个共同的朋友，这两个人都叫罗杰。无论何时约翰对戴维说："我今天和罗杰说……"戴维总是立刻打断他："你说的是哪个罗杰？"

约翰说："每到这个时候我都要用上相当的自控力，才不会脱口而出'如果你多听一会儿，几句话后你就知道了'，但他在弄清楚'哪个罗杰'之前什么也听不进去。"

清晰、明确是典型的 C 型员工的交流风格。他们对精确的渴望甚至让他人以为你在和他顶嘴。

## 如何指导

**专注于问题**。C 型员工的主要缺点是：对自己和他人过分苛刻。并非人人都能接受他对人对己的高标准。其他人可能觉得他要求过高令人生厌，C 型员工会很快发现自己筋疲力尽，孤立无援。你要下达不偏不倚的指令，提供详尽、明确的反馈。专注于问题，而不是周围的情绪。帮助他们了解大局，理解整个项目和其他人的角色。

**大声说出来**。你不能一直护着他们，他们需要习惯情绪化的情境。即使他们独立工作时效率最高，也要保证他们参与决策会议，鼓励他们做出贡献。就他们熟悉的领域询问他们的意见。他们需要练习直面他人。

**发现**
你的管理风格

## 与上级交流

解读你的上司和其他上级管理者的风格,选择最佳的交流方式。

▶ 和 D 型上级交流时,简洁、明了地直奔主题。可能的话上交一份总结,省去以后多次会面的时间。还有,不要一有事情就去打扰他,先尽可能自己处理,其余的留待讨论。

▶ 和 I 型上级交流时,你需要长时间、面对面的交流。这些人想要宏大的观点与想法,而非事实与数字的堆砌。之后,向他上交一份决策大纲及下一步行动计划。

▶ 和 S 型上级交流时,即使你觉得纯属浪费时间,也要向他征求意见——他们希望包容与达成共识。

▶ C 型上级希望得到详尽的书面信息与报告。如果你的上司事事操心,为了达到最好的效果,不要一大早上就告知他存在的问题——给他一点时间适应日常工作。

# 第 7 章

# 四维授权

**发现**
你的管理风格

> 📶 **与我共事**
>
> ▶ D 型：工作上想到我。
>
> ▶ I 型：那项工作我想跟你合作！
>
> ▶ S 型：我会设法帮你。
>
> ▶ C 型：我只希望我能符合你的标准。

许多管理者在授权之前都会犹豫再三。他们担心其他人做事不如自己，因此本可由别人完成的工作也会留着自己做。

这种犹豫是很自然的。然而，管理者需要依靠员工完成工作。授权可以让你充分利用他人的优势，完成更多工作。如果不愿意授权，你就未恪尽职守，因为你本应承担其他责任的时间减少了，也没有时间完成更新、更有趣的任务。可能你整天忙忙碌碌，工作质量却开始下滑。你既做自己的事，又做别人的事，只会让自己疲惫不堪。

而且，不愿授权会伤害员工。有些人会丧失学习、成长并得到认可的机会。你需要一名技能丰富、做事利落的员工完成工作。即使纯粹出于自利的目的，培养一名接班人也会给你带来更多晋升机会。

管理者不愿授权的首要原因：担心他人做事不如自己。管理者

# 第 7 章
## 四维授权

认为他人不能也不愿做好工作。也许过去这个人曾有过不佳的工作表现——草率、拖延、不合格或错误的结果，也许那次你不得不插手，收回权力。

根据你的不同风格，以下是你可能不愿授权的其他理由：

- 如果你属于典型的 D 型，你可能不想失去对情境的控制；
- 如果你属于典型的 I 型，你可能很难组织一项任务，甚至干脆拖延任务；
- 如果你属于典型的 S 型，授权后你的领导角色可能让你不习惯；
- 如果你属于典型的 C 型，你可能担心其他人无法达到你的标准。即使在授权之后，你可能仍会继续独立工作。

你觉得他人缺少必需的技能、兴趣或动力，因此犹豫不决，难以授权。尽管你会有诸多顾虑，但作为一名管理者，你需要找到提高能力、改善态度的方法。

授权中的问题，至少有一部分来自你的授权方式。不过，你不愿授权还可能因为：

- 项目常常延时完成；
- 指令常常不受重视甚至被忽视；
- 再三解释流程时总是被人打断；
- 员工抱怨工作中缺乏合作；

# 发现
## 你的管理风格

- 他人决定另辟蹊径，自行其是；
- 项目一拖再拖，结果仓促而不尽如人意；
- 要做的事情太多。

你可能会想："我以前的授权对象对我的授权方式并无异议，这个新人只是没有搞清规矩。"事实上，这是同一情境下两个不同的人，你应该使用两种不同的 DiSC 维度，以两种方式做出不同的反应。

你的授权风格可能适用于许多人。然而一旦无法适用，你需要做出调适来满足情境需要。考虑最佳的授权方式前，你需要解读别人的 DiSC 行为模式。

首先，考虑这个人是否适合这份工作。虽说这份工作由其他员工来做可能更得心应手，但这个人可以在工作中得到锻炼与成长。

选择授权对象时，很重要的一点是要将能力与行为模式区别开来。一个人即使具备必要的技能与知识，也不一定是某项工作的最佳人选。授权他人，可能是由于这项工作属于他的责任范畴，或者你需要一个有充足时间完成这项工作的人。如果这个人技能或经验不足，你要帮助他培养新的能力。管理者常常身兼员工导师、培训师、教练等角色。再重复一遍，要注意这个人的行为模式，要让他用其最容易理解与吸收的方式获取学习经验。

例如，I 型风格的蒂凡尼虽然没有媒体经验，却是当地联合之路发言人的最佳人选。她的上司认为蒂凡尼需要接受培训才能担此重任，于是他首先想到的是给她一些相关书籍——这正是他自己学习新技能的方式。但蒂凡尼更擅长在讨论与交流中学习，更喜欢提问与亲身体验，于是上司为她找来了一位活力四射的媒体教练。在教练的帮助下，蒂凡尼上手很快。

DiSC 还能帮助你确定授权时传递的信息数量与类型。例如，有些人需要详尽的、循序渐进的指令，有些人需要了解预期结果与最后期限。DiSC 让你高瞻远瞩，就如何跟进与监督工作做出规划。正确的授权方式能让你得到你想要的结果。

授权对象的工作风格可能与你不同。如果你错误地让对方按你的方法来工作，这个人可能心怀怨恨、沮丧低落，无法取得很好的结果。另一个可能的错误是预期模糊。明确表达你的预期，如质量至上、恪守最后期限或创造性的解决方法。还有，让对方了解组织的优先事项，你的上司想得到什么样的结果，为对方清晰地画出蓝图。

如果你向 D 型、I 型、S 型或 C 型员工授权，下面是一些注意事项。

## 向 D 型员工授权

- 明确表达你的预期结果；

- 给出最后期限；
- 明确权力范围及可用资源；
- 由他决定如何完成工作。

告诉典型的 D 型员工你需要的结果并解释缘由，你要相信对方能够满足你的要求。他能够找到正确的方式来完成工作。不过，你也需要了解工作进度，不时检查工作以确保事情仍在正常的轨道上。

## 向 I 型员工授权

- 确保他了解你的预期；
- 强调完成工作的时限；
- 确定检查工作的日期，明确每次检查时应该完成的工作；
- 帮助他为完成任务构建一个流程——尤其是复杂或需要有序处理的任务。

I 型员工最大的挑战是自律。他很容易沉迷于新想法而忘记最初的任务。

管理 I 型员工时要确保对方了解你的预期。授权任务——尤其是复杂或需要有序处理的任务时，一定要帮助他制订工作计划。

# 第 7 章
## 四维授权

## 向 S 型员工授权

- 一步步阐释你的需求,最好有书面记录;
- 定期跟进,处理问题;
- 明确可以用来完成工作的资源;
- 必要时帮他获得其他人的帮助。

他希望你知无不言,言无不尽。缺少计划或指令会让他犹豫不决,可一旦你解释并再三检查任务的每个细节后,S 型员工会非常可靠。他不想承担责任。如果你是典型的 D 型员工,授权了一个看似简单的任务,但对方只完成了一半,并对你说"哦,我不知道你还想让我做那个"时,你一定会非常沮丧。

## 向 C 型员工授权

- 合理、精确、明确地描述预期,包括质量标准;
- 解释任务背后的原因及其对大局的影响;
- 明确最后期限。

如果你没有明确结果与最后期限，他会沉浸于过度分析与研究，无法自拔。

以口头和书面的方式明确地陈述你的预期。他会一遍又一遍地阅读你的指示，然后一字不漏地执行。若你不详细地解释预期，他会小题大做。

典型的 C 型员工常常忘记时间。你可能得告诉他，该停下来了。如果一项任务有书面大纲，要求他在任务完成之时，保证每个细节都检查到位。将最后期限稍微提前，并在最后期限来临时提醒他"时间到了"。

可能这项工作无须尽善尽美，但你会得到完美的结果。C 型员工头脑里始终存在着这样的想法："万一我错了怎么办？"你要让他知道，他能犯的最大错误就是无法在规定时间内完成工作。如果在热身上花太多时间，比赛就输了。

**管理者清单：授权**

D 型：工作上想到我。

▶ 告诉他们最终目标，让他们自己决定如何实现目标。

▶ 明确最后期限与可用资源。

▶ 划清权力范围。

▶ 让他们独立工作。

# 第7章
## 四维授权

I 型：那项工作我想跟你合作！

▶ 明确预期结果。

▶ 明确最后期限。

▶ 执行工作计划。

▶ 帮助他们为每项工作设定一个循序渐进的流程，完成复杂的任务。

S 型：我会设法帮你。

▶ 循序渐进地解释你的需求。

▶ 准备、安排频繁的会面来评估过程并回答问题。

▶ 明确可用资源。

▶ 帮助他们获得其他员工的帮助。

C 型：我只希望我能符合你的标准。

▶ 详细解释任务。

▶ 强调质量标准。

▶ 解释工作目标及其对组织的益处。

▶ 明确最后期限。

**发现**
你的管理风格

### 我的行动计划：授权

▶ 描述一个需要你授权的情境。

▶ 他可能以哪种风格做出反应（D、I、S、C）？

▶ 我授权时通常采取什么风格（D、I、S、C）？

▶ 在此情境中，授权成功需要什么？

▶ 他对授权任务哪些方面的反应是我应该支持与鼓励的？

▶ 哪些方面会带来麻烦？我该怎么解决？

▶ 在此情境中，我应该利用自然风格还是选择调整？

▶ 我应该在何时采取何种行动？

# 第 8 章

# 四维决策

**发现你的管理风格**

> 📶 **与我共事**
>
> ▶ D 型：我们快点做决策吧。
>
> ▶ I 型：让每个人都参与决策。
>
> ▶ S 型：我认为应该由你做决策。
>
> ▶ C 型：我想花点时间研究这个情境。

以前的管理，常常是管理者坐在办公桌后，大权独揽，发号施令。作为决策者，他们告诉人们该做什么、怎么做。

现在这一套早就过时了。组织从金字塔形、自上而下的垂直结构逐渐转变为更加扁平的水平式结构。转变的一个表现是，原本专制、独裁的组织鼓励更多的员工参与管理、决策。虽然组织中依然存在承担管理责任的管理者，但员工如今也承担着实质的责任。今天，大多数组织希望各个层次的员工——无论个人或团队——都是决策者。因此，管理者的重要职责之一，就是帮助员工做出正确决策。

要想做出正确的决策，周密调研与详细分析必不可少。决策应该及时、广受欢迎，并能够带来好的结果。毫无疑问，决策是项复杂的技能，许多员工缺乏决策的经验或自信。以下是做决策时常见的毛病：

- 草率决策；

# 第 8 章
## 四维决策

- 冲动决策；
- 过于依赖直觉；
- 未向他人征求意见；
- 未经决策就开始行动；
- 决策耗时太长；
- 过度研究与分析；
- 回避可能不受欢迎的决策。

你的 DiSC 知识可以帮助员工最大限度地利用他们的优势做决策。在你的指导下，员工可以做出对你、自己和组织都有利的决策。

## 与 D 型员工做决策时

D 型员工想快速做出决策。

- 指出决策前花时间充分收集信息、考虑可能的后果能带来的好处；
- 鼓励可能受决策影响的其他对象参与决策；
- 明确谁有权力做出何种决策；
- 要求他向你告知决策的内容。

D 型员工想快速决策，因为他们相信自己的知识与判断力。他们愿意冒险，能够接受决策可能带来的不良后果。

快速决策的有利方面：决策很快完成；不利方面：你可能不满意这个决策。如果你能帮助他们培养耐心，设计决策流程，他们的决策会更加明智，结果会更好。

你要指出：想在组织内得到提拔，必须成为值得人们信赖的正确决策者。

乔的公司第一次决定以书面和在线两种方式同时出版产品目录。乔的新职责就是雇用一名拍摄产品目录的摄像师。D 型的乔立刻给公司以前用过的摄像师打了电话。他只想快点完成工作，压根没想过要从其他人那里询问报价。

乔告诉上司拍摄工作已经安排妥当。上司问他有没有考虑过其他人选。得到否定的回答后，上司让他在拍摄开始前再去多询问两家报价。"好的，"乔说，"要是错过时间可别怪我。"

三天后，乔不得不告诉上司，他联系的另外两名摄像师给出了更低的报价。而且，其中一人擅长的数字摄影正是新的在线产品目录所需要的。

所以，有时候，快速决策意味着错过精益求精的机会。

## 与 I 型员工做决策时

I 型员工做决策时常常基于直觉而非事实。如果决策不受欢迎或

# 第 8 章
## 四维决策

引起争议，他会尽力避免做决策。

- 告诉他们，即使不受欢迎，正确的决策最终会对组织及决策者自身有利；
- 指出犹豫不决损人又不利己；
- 帮助他们采取一种更为合理、基于事实的决策方式。

有时明知道会招人不满，一个艰难的决策却势在必行——I 型员工在此时最需要你的帮助。你要警惕他依靠集体投票来处理艰难决策的倾向。

典型的 I 型员工过于依赖直觉而非事实。如果决策过于仓促，你要让他重新考虑。有时候他过于乐观，认为一切终会柳暗花明，这时候你要"做个恶人"，适时提醒。

无论今天的决策是由谁做出的，典型的 I 型员工明天可能因为痴迷于另一个"更棒的点子"而改变决策。记住，决策一旦做出，就不该随意更改。

## 与 S 型员工做决策时

S 型员工做决策时需要时间，通盘考虑。

- 如果有风险，支持他有条不紊、合乎逻辑的决策方式；
- 辨识出不甚重要或风险不大的情境，迅速做出决策；

# 发现
## 你的管理风格

- 若决策包含潜在冲突，给他额外支持。

萨拉对一家银行分行的经理金伯利快失去耐心了。作为总部办公室人力资源部的副总裁，萨拉常常就人事问题与金伯利共事。她经常抱怨："无论我建议什么，她都会说，'没问题，没问题，无论让我做什么都没问题'。"事实却是，金伯利虽拥有良好的判断力与多年的经验，但一到决策关头她就踌躇不前。

到了秋天，银行需要裁员。金伯利不得不裁减自己办公室的员工。萨拉只需告诉各个分行经理需要削减的岗位数量，金伯利才是那个实际做决策的人。

萨拉与金伯利会面时，向她解释了公司目前的状况；如果不裁员的话，金伯利的分行将面临倒闭。她指示金伯利如何宣布这则坏消息，表示她相信金伯利会做出公正、明智的决策——金伯利也确实这样做了。

有了指导与支持，典型的 S 型员工可以从容考虑事实、涉及的人员及组织的期待，最终做出正确的决策。然而，如果决策中隐含风险、变化与冲突，那么他做决策时会举步维艰，这时就需要你的理解、支持与帮助。

# 第 8 章
## 四维决策

## 与 C 型员工做决策时

C 型员工做决策时会盘算潜在的风险与回报。

- 给他们足够的时间收集信息；
- 讨论决定可以在项目分析上花费多少时间；
- 规定决策所需时间；
- 决策过程若因为太多的"如果……怎么办"而裹足不前，应采取措施适当干涉；
- 让他们不用过于担心因错误决策导致的个人必须承担的后果。

C 型员工会收集所有事实，反复检查并权衡利弊。有时候这个过程很有必要，但有时候这个过程会拖延决策，让工作停滞不前。

鼓励他们着眼大局；建议他们划分优先顺序，记住截止日期。

如果他们反复权衡可能的后果而止步不前，提醒他们不要"只见树木，不见森林"。

建议他们问自己如下几个问题：

- 我有多少时间决策——六天还是六个月？
- 其中可能隐含哪些风险？
- 我想得到什么结果？
- 我要克服哪些障碍？其中哪些纯属浪费时间？

**发现**
你的管理风格

### 管理者清单：决策

**D 型：我们快点做决策吧。**

▶ 鼓励他们花时间收集信息并评估可能的后果。

▶ 让他们向可能受决策影响的其他对象征询意见。

▶ 明确究竟由谁做出具体决策。

▶ 要求他们向你告知决策的内容。

**I 型：让每个人都参与决策。**

▶ 告诉他们犹豫不决会伤害他人，影响人际关系。

▶ 鼓励他们运用信息与逻辑。

**S 型：我认为应该由你做决策。**

▶ 在有风险的情境中，支持他们有条不紊、合乎逻辑的决策方式。

▶ 在低风险情境中，鼓励他们加快决策速度。

▶ 如果他们做的决策可能遭到反对，向他们提供帮助。

**C 型：我想花点时间研究这个情境。**

▶ 给他们收集事实的时间。

▶ 规定分析的时限，一定要遵守最后期限。

▶ 让他们理解错误决策的真正后果。

# 第 8 章
## 四维决策

**📋 我的行动计划：决策**

▶ 描述一个需要决策的情境。

▶ 他可能以哪种风格做出反应（D、I、S、C）？

▶ 我做决策时通常采取什么风格（D、I、S、C）？

▶ 在此情境中，正确决策需要什么？

▶ 他决策风格的哪些方面是我应该支持与鼓励的？

▶ 哪些方面会带来麻烦？我该怎样解决？

▶ 我应该在何时采取何种行动？

# 第 9 章

# 四维解决问题

# 第 9 章
## 四维解决问题

> **与我共事**
>
> ▶ D 型：让我们找到一个快速解决问题的办法。
> ▶ I 型：我相信合作可以解决问题。
> ▶ S 型：我需要在给出办法前考虑一下。
> ▶ C 型：我要从各个角度考虑这个问题。

只要工作，就有大大小小的问题。如果员工无法解决问题，问题就会落到你头上。因此，你应该尽心尽力帮助你的员工，成为更有效的问题解决者。

面对问题，有些人分析事实，有条不紊地提出解决方案；有些人则听从直觉；有些人立刻着手解决问题；有些人则忽略问题，希望它自行消失。

和其他情境一样，人们对问题的反应方式也分为四种。有时候人们利用自然风格就能解决问题。例如，需要严格检查与广泛研究时，C 型员工解决问题效果卓著。不过其他时候，仅凭自然风格远远不够，事情的过程和结果往往出人意料。

员工无法解决问题可能因为：

- 忽视重要细节；
- 花太多时间研究问题；

- 一遍遍验证解决方案，对结果总不满意；
- 尽可能避免问题；
- 绕过你去处理所有事情。

如果问题本身与解决问题的人不适合，你可能需要把工作分配给别人。然而，一般情形是，问题就在那里，你需要与涉入其中的人员共同解决。DiSC 既可以帮助你利用他人的自然优势，又可以帮助他人以一种全新的方式调整自身并解决问题。

有些问题与人们特定的 DiSC 高维度直接相关。当然，并非所有问题都如此。无论问题起因如何，只要解决问题者存在，我们就要考虑他的 DiSC 风格。

## 与 D 型员工解决问题时

史蒂夫性格外向，雄心勃勃，是一家出版公司印刷车间的主管。他渴望实现自己的想法，从不主动放过任何一个错误。可是他做事太急，事情一开始就匆匆忙忙行事，总是错误不断。他的上司曾经跟他讨论过这个问题，但现在问题依旧存在。

后来，他的上司决定不再向史蒂夫下达任何指令；他将问题摆在史蒂夫面前，让他自己思考如何减少错误。上司向他描述了目前的情境——混乱的订单和众多的消费者投诉——然后让他在规定时

# 第9章
## 四维解决问题

间内提交解决方案。史蒂夫一如既往地接下了这个挑战，全心全意地思考解决方案。最后，他的解决方案不但圆满解决了问题并且沿用至今。

当你与D型员工共同解决问题时：

- 给予他挑战，让他自己找出解决办法；
- 强烈建议他在处理复杂问题时要更加缓慢、细致；
- 采取实际、结果导向的方式；
- 寻找简单易行的快速解决办法；
- 从大局看问题。

## 与I型员工解决问题时

这些乐观主义者几乎看不到问题。他们不拘小节，希望避免公开冲突。但是，他们的人际交往能力、敏锐的直觉、积极正面的能量、热情及感染力，都可以帮助团队解决许多棘手问题。

作为一家广告公司的文案，史黛夫喜欢用音乐激发创造力，她甚至会在办公室里播放旧电影。她的办公室常常成了创意团队的聚集地，他们摆弄着毛绒玩具与海绵球，新点子源源不断地迸发出来。但问题在于，会计部门就在隔壁，史黛夫这种马戏团式的做派简直让他们抓狂。

鉴于他们的行为已经打扰到其他部门的工作，上司问她该如何解决这个问题。史黛夫立刻回答："我们可以在仓库后面设立一个'创意区'吗？那里空间大，我们做什么事情都不会打扰到别人。"通过头脑风暴，上司还收集了许多其他可行的解决办法。然后，上司派史黛夫与他人交谈，收集更多意见。他相信，无论史黛夫的计划是什么，她都能很快赢得员工的支持。

当你与 I 型员工共同解决问题时：

- 重视他的直觉及其对人和事的敏锐见解；
- 指示他不要仅仅停留在直觉阶段，还要分析问题、执行计划；
- 帮助他掌握新的问题解决技巧，例如，将解决问题的过程分成小的步骤；
- 鼓励他不要忽略复杂或涉及冲突的问题。

## 与 S 型员工解决问题时

解决问题时，S 型员工的目标是给出一个人人都能接受的方案。他们会仔细倾听并考虑他人的需要。他们提出的解决方案往往广受欢迎、运行良好。

如果产生冲突，或者人们无法就解决办法达成一致意见，S 型员工常常会丢下问题不管，努力营造融洽的氛围。与人相关的问题

# 第9章
## 四维解决问题

常常被完全忽视。

S 型员工很难成为领导,不过他会在你和团队需要帮助时挺身而出。

就像玛莎,关心别人,非常重视他人感受,但她常常无法按时完成工作,因为她要和一个倒霉的同事吃一顿长长的午餐,或者听别人倒好几小时的苦水。玛莎的上司决定和她谈谈。在赞许她对别人的悉心关怀之后,他也指出玛莎因耐心倾听别人而影响了工作的事实,并问她应该如何处理这种情况。细腻、敏感的玛莎很快就把心思放到了上司提出的问题上。一旦上司表明意图,S 型员工总是竭尽全力纠正错误。

所以,当你与 S 型员工共同解决问题时:

- 重视他们循序渐进、有条不紊的问题解决方式;
- 如果常规方法不起作用,建议他们去寻找更有创意的解决办法;
- 在征求解决办法之前,给他们足够的时间研究问题;
- 帮他们辨别哪些问题需要深入研究,哪些需要立即行动。

## 与 C 型员工解决问题时

有时你要让 C 型员工在解决问题时不要总是追求完美——这听

起来很怪，却是事实！他们不会回避问题——他们总在孜孜不倦地寻找解决办法，堪比大侦探，但有时候他们得加快步伐。

作为一名订单员，勤勤恳恳的哈洛固然是公司重要的人才，但因为他过于仔细，常常延误交货期限，给客户造成损失。他的上司指出要顾全公司大局，并向他强调快速交货在市场竞争中的必要性。她要求哈洛去调查其他有效检查订单的方式。哈洛夜以继日地研究最新的订单完成软件，他的上司则不时检查事情进展，明确最后期限。最后一天哈洛上交了一份报告，提议投资购买一种顾客软件。这种软件安装之后，整个部门的工作速度大大提升，错误也减少了。

当你和 C 型员工共同解决问题时：

- 重视他仔细分析、有条不紊的问题解决方式；
- 要警惕他在寻找解决办法时的完美主义倾向，在需要快速解决问题时，建议他采用其他问题解决技巧。

# 第 9 章
## 四维解决问题

> **管理者清单：问题解决**
>
> **D 型**：让我们找到一个快速解决问题的办法。
> - 相信他们解决问题的能力。
> - 鼓励他们从各个角度审视复杂问题。
> - 明确预期结果。
> - 寻找实际的、简单易用的解决办法。
>
> **I 型**：我相信合作可以解决问题。
> - 赞赏他们对人和情境的见解。
> - 强调他们需要超越直觉来分析事实。
> - 将解决问题的过程分成小的步骤。
>
> **S 型**：我需要在给出办法前考虑一下。
> - 赞扬他们有条不紊的问题解决方式。
> - 鼓励创新和创造性的问题解决办法。
> - 给他们足够的思考时间以得出解决办法。
> - 帮助他们评估问题的紧迫性。
>
> **C 型**：我要从各个角度考虑这个问题。
> - 赞扬他们的分析能力。
> - 如果他们过分执着于"完美"的解决办法，帮他们正确了解形势。
> - 在需要快速解决问题的情境下，向他们建议其他解决问题的技巧。

**发现**
你的管理风格

### 我的行动计划：问题解决

▶ 问题是什么？

▶ 他可能以哪种风格做出反应（D、I、S、C）？

▶ 我解决问题时通常采取什么风格（D、I、S、C）？

▶ 在此情境中，解决问题需要什么？

▶ 他解决问题的风格的哪些方面是我应该支持和鼓励的？

▶ 哪些方面会带来麻烦？我该怎样解决？

▶ 我应该在何时采取何种行动？

# 第 10 章

# 四维激励

**发现**
你的管理风格

> 📶 **与我共事**
>
> ▶ D 型：挑战自我。
>
> ▶ I 型：让我参与。
>
> ▶ S 型：让我知道如何帮忙。
>
> ▶ C 型：给我时间把事情做好。

你可以把马牵到水边，却无法强迫它喝水——除非它渴了，可是，之后把它从水边拉开又不容易了。我们都是在激励之下去做自己想做的事。

假设在团队发布新产品前的策划会上，有些人提议先休息一个周末，再进行头脑风暴。这个提议可能得到大多数人的热烈响应，却也让少数人措手不及——他们只想回到自己的办公室，关起门来独自工作。因此，让某些人干劲十足的提议可能让其他人失去动力。

激励意味着开始行动。如果有些事吸引或鼓舞我们，我们就受到激励。很难描述什么是"激励我们的事情"，不过低落的士气很容易被察觉。以下就是一些士气低落的迹象：

- 拖延；
- 怨恨；

# 第 10 章
## 四维激励

- 观念陈旧；
- 工作表现不佳；
- 旷工；
- 沉默消极。

如果有人存在上述表现，就代表他缺乏动力。没人能激励他人，人们需要自我激励。能够激励我们的不是他人的想法和需求，而是我们自己想做的事情和想满足的需求。我们自己就能够创造一个更加激励人心的环境。

如果工作环境满足人们的需求，他们就会受到激励。此时，DiSC 就派上了用场，因为每个 DiSC 行为模式都与特定的需求及特定的动力因素相关。

D 型员工因所获成就受到激励；I 型员工因社会认同受到激励；S 型员工因维持现状受到激励；C 型员工因行事得当受到激励。

如何激励他人？问自己如下几个问题：

- 对具有独特 DiSC 行为的个人而言，目前的工作环境里有哪些动力因素？
- 如果动力因素不足，该采取什么措施满足他更多的需求？
- 他的工作环境中有哪些负动力因素？
- 如何减少这些负动力因素？

## 发现
你的管理风格

在探索自身行为模式时，你问过自己相似的问题。下面的内容重复了第 3 章中的"动力因素"与"负动力因素"，你同样可以用这些内容管理他人。

### 激励 D 型员工

**让他干劲十足的是**

- 控制工作环境；
- 指导他人行动；
- 新的机会与挑战；
- 提拔的机会。

**让他失去动力的是**

- 被质疑或拒绝；
- 对结果仅负有限的责任；
- 资源获取受到限制；
- 受到严密监督。

**如何增强动力**

- 提供独立工作的机会；
- 增强他对工作环境的控制；
- 授予他向他人下达指令的权力；

# 第 10 章
## 四维激励

- 创造竞争与获胜的机会；
- 提供晋升的机会；
- 奖励成功。

只要有获取成就的机会，D型员工会倍受激励。一个干劲十足的高D型员工会直奔目的，实现目标。为了晋升，他能披荆斩棘、翻山越岭。

第二次世界大战结束后，玛吉瑞·赫斯特离开英国军队，却发现丈夫已经抛弃了自己和两个小女儿，她无力支撑自己的家庭。她愤怒过，但她决心证明自己的能力。她租了一个极小的房间和一部电话，挂上招牌"打字员服务"。无论电话何时响起，她总是轻快、响亮地说："我会派出最好的员工。"然后，她锁上门自己去干活。渐渐地，电话越来越多，她开始雇用自己的朋友出去干活。这就是布鲁克·斯雷特公司（Brooke Streat Bureau）的前身，它后来发展成为一家国际性的提供临时服务的公司。

正是这种对成就的渴望激励了赫斯特夫人。她坚持自己的方式，不计风险、坚持不懈地努力直至成功。D型员工就喜欢用自己的方式做事。

在D型员工了解你的预期后，尽可能让他们独立工作。如果他们受到严密监督，或者被迫频繁报告工作，动力就会衰减。所以，激励D型员工的方式是，阐明目标之后，就放手让他们去做。

## 激励 I 型员工

**让他干劲十足的是**

- 与他人交流；
- 即时的口头反馈；
- 真诚的认可；
- 理解他的感受。

**让他失去动力的是**

- 寡言或不友好的同事；
- 严格的日程；
- 悲观；
- 常规性、细节性的任务。

**如何增强动力**

- 以团队合作的方式组织任务；
- 倾听他的想法、感受和观点；
- 在公开场合热情洋溢地认可他的成就。

如果一个组织只重事实却忽略感受，I 型员工会很快丧失动力。因为对 I 型员工来说，人是他们的全部世界。面对难以相处、不甚友善或沉默寡言的同事，高 I 型员工会感到挫败无力。

# 第 10 章
## 四维激励

固定的日程和僵化的时间安排也会让 I 型员工无法忍受。一只蝴蝶不可能乖乖地待在盒子里。他们的情感表达与"出其不意"需要足够的空间——后者如果得到允许，他的动力就会增强。所以，如果常规性、细节性的任务无法避免，试着以团队合作的方式组织任务，但一定要频繁检查并表扬他们的工作进展。

表达情感、宣泄情绪的工作对 I 型员工而言是一剂"强心针"，所以 I 型员工会喜欢促成团队、筹划聚会或主持事务等工作。

丈夫过世几个月后，格蕾西觉得自己应该结束闷在家里孤单消沉的生活，回归到社会中，于是，已经 65 岁高龄的她，说服了一家高档超市雇用自己为主持人兼营养师。这是个全新的职位，之前她从未接受过这方面的培训，不过她的热情与人格魅力令所有人倾倒。多年以来，无论刮风下雨或疾病，她都坚持从自己的小镇开车 60 多公里来上班。当你走进超市的时候，迎接你的是格蕾西的"每日笑话"（通常非常有趣）。她会记得顾客的生日，帮顾客规划购买事项，为顾客设计特殊食谱，甚至提醒购买高热量食物的顾客。人人都爱格蕾西，因为她代表了友谊与欢笑。

她是这份工作的创造者与定义者。她改善了超市的员工关系，为超市赢得了更多的消费者。人们来到这家超市，就是为了与她一起购物。

和人们在一起，传递欢乐——这就是她的动力。

发现
你的管理风格

## 激励 S 型员工

**让他干劲十足的是**

- 与他人合作；
- 权责明确；
- 提供良好的服务；
- 工作安全、有保障。

**让他失去动力的是**

- 快速、无法预测的变化；
- 竞争与挑衅；
- 缺少管理者或同事的支持；
- 冲突。

**如何增强动力**

- 增加与他人合作的机会；
- 明确你的预期；
- 认可他的贡献；
- 奖励他始终如一的工作表现。

一名护士亲眼见到医院产室里的渎职现象，认为有些医疗行为伤害了婴儿与母亲。她愤怒地向上级反映，上级却说："那你为什么

# 第 10 章
## 四维激励

不做点什么呢?"

于是,她做了。她的第一步就是去读法律学校,最终以优秀的成绩毕业。多年之后,她成了一位全国知名的律师,维护未出生及刚出生的婴儿和他们母亲的权益。她是医学和法律职业审查委员会的成员,在这两个领域都受敬重。只要看到医疗领域的不公正,她就会尽其所能地矫正肃清。一直激励着她的是帮助婴儿和母亲的信念。她原上司的那番话让她幡然醒悟:原来自己也可以做点什么。

S 型员工此刻可能正在领导"联合之路"活动,或者为住院的同事募捐金钱与鲜花。

他们的动力是什么?S 型员工想帮助别人,只要你开口,他会义不容辞。工作中,一个高 S 型员工想了解你的需求,因此你要阐明工作的范畴及任务细节。了解你的需求并知道如何满足你的需求,就是 S 型员工的动力所在。

## 激励 C 型员工

让他干劲十足的是

- 希望自己是正确的;
- 逻辑性、系统化的工作方式;
- 因高质量与精确得到奖励;

- 明确的反馈。

**让他失去动力的是**

- 经常变动的规则或预期；
- 没有时间处理信息；
- 强制性社交活动；
- 缺少质量控制。

**如何增强动力**

- 给他创造展示技能的机会；
- 认可他为高质量工作付出的努力；
- 提供有利于长期成功、逻辑性、系统化的工作情境。

如果忽视 C 型员工的优势，他们可能会心怀怨恨。因为若无人在意，何苦把自己累得要死要活？但如果你在私底下真诚地让他们知道，你非常欣赏他们的工作，他们则会拼尽全力。

专心致志地独立完成工作，是他们的动力所在。即使在团队中，你也可以找到一些可以让他们独立完成的工作。

《飘》的服装设计师费尽心力地想重现斯佳丽·奥哈拉的女仆海蒂的衬裙。它一定要用一种沙沙作响的料子制成，这样斯佳丽就知道海蒂在偷听。这些古装戏服的每个细节都要求尽善尽美。大多数电影制作的背后，都有一群追求细节完美的工作人员。他们的动力是什么？把事情做好。

# 第 10 章
## 四维激励

📋 **管理者清单：激励**

**D 型：挑战自我。**

▶ 提供独立工作的机会。

▶ 增强他对工作环境的控制。

▶ 授予他向他人下达指令的权力。

▶ 创造竞争与获胜的机会。

▶ 提供晋升的机会。

▶ 奖励成功。

**I 型：让我参与。**

▶ 以团队合作的方式组织任务。

▶ 倾听他们的想法、感受和观点。

▶ 在公开场合热情洋溢地认可他的成就。

**S 型：让我知道如何帮忙。**

▶ 提供与他人合作、取得切实成果的机会。

▶ 明确你的预期。

▶ 认可他的贡献。

▶ 奖励他始终如一的工作表现。

**C 型：给我时间把事情做好。**

▶ 给他创造展示技能的机会。

▶ 认可他为高质量工作付出的努力。

▶ 提供有利于长期成功、逻辑性、系统化的工作情境。

**发现**
你的管理风格

📝 **我的行动计划：激励**

▶ 他可能以哪种风格做出反应（D、I、S、C）？

▶ 他失去动力的迹象是什么？

▶ 回顾他行为模式中的动力因素，他的工作环境中存在哪些？

▶ 如果动力因素不足，我怎样满足他更多的需求？

▶ 工作环境里有哪些负动力因素？

▶ 我怎样减少负动力因素？

▶ 我应该在何时采取何种行动？

# 第 11 章

# 四维表扬

发现
你的管理风格

> 📶 **与我共事**
>
> ▶ D 型：你当然得表扬我的付出——我干得棒极了！
>
> ▶ I 型：你当然得欣赏我——人人都知道我干得棒极了！
>
> ▶ S 型：我很高兴你满意我的表现。
>
> ▶ C 型：看到我的辛勤工作受到重视，真是太好了！

表扬别人就像赠送礼物。买礼物时你会先问自己："受赠者想要什么？"表扬别人时，最好也问自己同样的问题。

每个人都会有这样的朋友或亲人：他送出自己视若珍宝的礼物，却被受赠者弃如敝屣。就像那个喜欢惊悚小说的叔叔，每年都会将最新的惊悚作品送给每个人。这个规律孩子们都明白。6 岁的劳瑞告诉妈妈："我知道凯文会给我带什么礼物——乐高积木，积木是他的最爱，所以他总是送别人积木。"

DiSC 可以帮你识别他人乐于接受的表扬，而非你自己喜欢的。对个人而言，真正的表扬是什么？他会接受什么？他会珍视什么？

只有自己珍视的个人品质受到认可，他才会真正地感受到你对他的重视。I 型员工不可能把"分析能力强"当作表扬，C 型员工才会。事实上，对一个人的表扬也可能是对另一个人的侮辱。

# 第 11 章
## 四维表扬

表扬方式也很重要。I 型员工喜欢公开表扬，C 型员工则喜欢书面表扬，私下表扬也行。

想想看你喜欢别人如何认可你——这可能也是你最常用的表扬别人的方式。有时你的表扬方式也被别人喜欢，有时则不然。你可以通过调整风格来满足情境的需要。

D 型管理者常常忘记表扬的重要性。一个部门的经理说："工作做好了我自己心里明白，不需要太多表扬。不过前一段时间，我注意到许多人一直在夸我。我曾经心生烦躁，认为这不过是恭维奉承，现在才明白他们这么做是因为他们真的很需要表扬，我却一直忽略他们——看见他们一直夸我，我就该瞧出些头绪来了。"如果你是一名典型的 D 型管理者，考虑使用表扬作为你达成目的的有力工具。家长们都知道，如果一种行为受到表扬，孩子就更可能会重复这种行为。事实上，表扬在记忆里停留的时间比斥责长。你的员工当然比小孩子成熟许多（大多数时候如此），不过你的表扬仍然可以激励他们。精心选择并妥善传递的表扬是有力的管理工具。

### 在奥斯卡颁奖礼上

当一个人被授予电影界最高荣誉时：
- D 型风格的人一般是在规定时间内讲述自己的成就。
- I 型风格的人一般是欣喜若狂，仿佛置身天堂。（想想萨

> 莉·菲尔德语无伦次地说："你们喜欢我，你们真的喜欢我。")
> 
> - S 型风格的人一般是感谢每位为电影做出贡献的人。
> - C 型风格的人一般是阅读一份事先准备好的获奖感言，不遗漏一个致谢对象。

## 表扬 D 型员工

- 简单、直接；
- 表扬要聚焦于具体成就与成果；
- 表扬其领导能力；
- 真诚；
- 避免情绪化的评论。

他们期望中的表扬事由是具体的事件与杰出的成就，而非工作中的一小步或每个细节。他们喜欢表扬者说"没有你，我们做不到"。

你的表扬应限于一两句话，多说无益。如果他们觉得你在吹捧奉承，你会失去他们的尊重。

# 第 11 章
## 四维表扬

### 表扬 I 型员工

- 公开表扬；
- 热情洋溢；
- 重点表扬他的语言表达能力、人际关系技巧及创造力。

经常性地公开表扬他们。如果可能的话，你的表扬要生动有趣、机智灵巧。如果你的组织中有许多 I 型员工，你可以考虑设立一个正式的嘉奖项目。虽然他们喜欢你的滔滔不绝，但你的表扬还是要言之有物。

### 表扬 S 型员工

- 友善与真诚；
- 表扬他的合作意识、支持精神、稳定与忠诚的品质。

表扬对 S 型员工很重要。他们不吝赞美他人，其实他们自己也需要肯定。和其他行为模式一样，他们希望自己最为珍视的品质得到认可，即合作与忠诚。

发现
你的管理风格

## 表扬 C 型员工

- 私下进行；
- 简洁、具体；
- 书面表扬；
- 精确；
- 认可他们的理性、能力与辛勤工作。

他们希望你能够注意并欣赏他们出色工作背后时间、精力与智慧的付出。他们对待表扬态度认真，你虚假的奉承只会招人怨恨。他们喜欢具体的表扬。若你的表扬简练却不漏掉每个细节，他们会深受鼓舞。如果你忽略他们的付出，他们会深受打击。

如何让团队更高效，工作中需要哪些资源——向他们询问这些就是很好的表扬，这证明了他们才是专家。

> **真正的表扬**
>
> - 对 D 型："你知道做什么，而且你做到了。"
> - 对 I 型："你太棒了——你让我惊叹不已。"
> - 对 S 型："我真的很欣赏你坚持完成工作的精神。"
> - 对 C 型："你让我们在做决策时权衡利弊，避免了可能的风险与损失——我真的很欣赏你这点。"

# 第 11 章
## 四维表扬

**📋 管理者清单：表扬**

D 型：你当然得表扬我的付出——我干得棒极了！

▶ 简单、直接。

▶ 表扬要聚焦于具体的成就与成果。

▶ 表扬其领导能力。

▶ 真诚。

▶ 避免情绪化的评论。

I 型：你当然得欣赏我——人人都知道我干得棒极了！

▶ 公开表扬。

▶ 热情洋溢。

▶ 重点表扬他的语言表达能力、人际关系技巧和创造力。

S 型：我很高兴你满意我的表现。

▶ 友善与真诚。

▶ 表扬他的合作意识、支持精神、稳定与忠诚的品质。

C 型：看到我的辛勤工作受到重视，真是太好了。

▶ 私下进行。

▶ 简洁、具体。

▶ 书面表扬。

▶ 认可他的理性、能力与辛勤工作。

**发现**
你的管理风格

📝 **我的行动计划：表扬**

▶ 他可能以哪种风格做出反应（D、I、S、C）？

▶ 他珍视并希望受到表扬的成就或品质是什么？

▶ 表扬他的最好方式是什么？

▶ 我喜欢哪种风格的表扬方式（D、I、S、C）？

▶ 我怎样调整风格以迎合他喜欢的表扬方式？

▶ 我应该在何时采取何种行动？

# 第 12 章

# 四维反馈

发现
你的管理风格

> **与我共事**
>
> - D 型：你说我需要改进，什么意思？
> - I 型：但人人都说我干得棒极了！
> - S 型：我做错什么了吗？
> - C 型：如果我的方法是错的，应该怎么做？

大多数人不喜欢批评别人，没人希望受到批评。人们试图用"建设性反馈"这个词削弱批评的锋芒——但批评依旧伤人。

然而，管理工作的一部分内容，就是帮助人们弥合现实与预期表现之间的差距。

建设性反馈，如字面意思所言——是建设性的。好的反馈带来好的结果。虽然反馈让人不大愉快，然而其目标是积极的——能给人完善自己、精益求精的机会。

虽然没人喜欢批评，但有些人对反馈的心态更开放、包容，因为人们防备心理的诱因不同。如果有人擅长并重视某个领域，却偏偏因此得到批评，他会有挫败的感觉。

DiSC 可以帮助你预测他人对某种反馈的反应，你可以据此选择能够带来积极结果的反馈。你反馈的内容可能无须改变，需要改变的只是方式。有了 DiSC，你可以向员工提供更易理解、接受并生效

# 第 12 章
## 四维反馈

的反馈。

## 给 D 型员工反馈

- 直接指出目前的业绩水平与你的预期间的差距；
- 让他制订并上交一个弥合差距的计划；
- 规定改进的时限，阐明延时的后果。

忽略你，责怪他人，愤怒或怨恨，甚至人身攻击，这是 D 型员工对矫正性反馈的常见反应，做好行动准备吧。

态度坚定明确，同时对他的能力表示尊重。为了使工作表现符合预期，给他尽可能多的责任。

沟通时要清晰、冷静、直接。

## 给 I 型员工反馈

- 清晰陈述工作表现中存在的问题与后果，千万不要绕过问题；
- 专注于能够改善业绩的行为；
- 描述改进工作后的好处；
- 预留足够的讨论时间，但不允许交流转移到其他人和事上；

- 结束讨论前要得到对方保证，在某个具体时间前得出某个具体结果。

I型员工是转变话题的专家，与他讨论时要始终不离主题，否则很快你就会发现你们正在讨论的不是工作，而是去年的公司野餐或阿尼下班忘记关灯的坏习惯等诸如此类离题万里的话题。

讨论要直截了当。一个感情丰富、外向开朗的人可能会出现情绪化反应。为了避免情绪升级，你的语调要坚定沉稳，同时积极昂扬。

I型员工常常短于贯彻执行，给他一些有用的建议以改善这种情况。

如果你关注事物的积极方面，那么他更有可能接受并听取你的反馈。描述一幅美好的蓝图，认可他接受挑战的能力。

## 给S型员工反馈

- 既要指出改进的需要，又要认可对方出色的表现；
- 明确你的预期；
- 与他共同制订一个具体的改进计划；
- 定期反馈，提供改善工作的建议；
- 反馈方式要温和友善、抚慰人心。

# 第 12 章
## 四维反馈

S 型员工害怕人际排斥，因此你要让他明白你的批评针对的是工作而非个人。有效的反馈形式如下："我很高兴你是我们团队的一员，不过，有件事你还要努力改进。"

他会非常感激你持续的鼓励。

## 给 C 型员工反馈

- 事先预料到对方的防备性反应；
- 讨论要明确具体、实事求是，围绕目前的结果与可能的改善进行；
- 给他足够的时间来制订改进计划；
- 共同确定时限，包括最终期限及正式检查工作进展的日期。

做错了——这是他们最大的恐惧。如果你的矫正性反馈一针见血地指出"你错了"，他的典型反应就是否定问题，责怪他人或环境，感觉尴尬，或者用大量数据表明问题并不存在。

指出他需要做出的改变，然后给他足够的时间思考并制定策略。在最初的会面中定下再次会面的日期，确定具体的行动方案，明确最后期限。

发现
你的管理风格

**管理者清单：反馈**

**D 型：你说我需要改进，什么意思？**

▶ 直接指出目前的业绩水平及与你的预期间的差距。

▶ 让他制订弥合差距的计划，并确定会议来讨论这个计划。

▶ 明确不理想的工作表现的后果，规定改进的时限。

**I 型：但人人都说我干得棒极了！**

▶ 清晰陈述工作表现中存在的问题及后果。

▶ 为讨论预留足够的时间，但不能跑题。

▶ 确定具体改进的最后期限。

**S 型：我做错了什么吗？**

▶ 认可对方的出色工作。

▶ 明确你的预期。

▶ 帮助他制订一个具体的改进计划。

▶ 定期提供反馈。

▶ 反馈方式要温和友善、抚慰人心。

**C 型：如果我的方法是错的，应该怎么做？**

▶ 事先预料到对方的防备性反应。

▶ 忠于事实。

▶ 给他足够的时间制订计划。

▶ 共同确定一个正式检查流程与时限。

# 第 12 章
## 四维反馈

**我的行动计划：反馈**

▶ 我需要提供的反馈是什么？

▶ 他可能以哪种风格做出反应（D、I、S、C）？

▶ 我怎么做才能让反馈得到理解与接受？

▶ 哪种改进计划效果最好？

▶ 我应该在何时采取何种行动？

# 第13章

# 管理不同风格的组织

# 第 13 章
## 管理不同风格的组织

每个管理情境都是个三角形。第一个角是你自己,第二个角是你管理的员工,第三个角是我们尚未提到的——一个有力的群体,那就是你的组织。

一个组织要对其内外事务做出反应。事实上,组织反应与个人反应类似,也分为 D、I、S、C 四种类型。

一个组织对待人和事的方式反映了其组织类型。可能事先你已经知道组织会如何处理问题。你也了解组织的氛围。大厅里是静悄悄的,还是人声嘈杂、欢笑不断?组织氛围是竞争激烈,还是放松而友好?

在审视自己的组织时,佩吉发现了许多组织风格的代表性因素。她是一家健康组织的管理者,该组织帮助人们克服药物依赖。作为该领域的先锋,50 年前这家组织全新的管理方式非常成功。多年来,它恪守创始原则,重视稳定与连续性,许多员工已经在这里工作了 25 年以上——事实上,组织内流传着一个笑话:只有死了人,才会有新的职位空缺。员工非常忠诚。公司高层管理者重视共识,他们让员工参与决策,召开冗长的会议来解释和讨论工作。轻松、稳定、和谐、愉快,这是佩吉描述的组织氛围。这是一个 S 型组织。

让组织中的每个员工都坐下来使用 DiSC 对自己的风格进行评估不失一个好主意,但这有点不现实,即使你真这样做了,结果也毫无意义——组织风格并不是所有员工风格的平均。但是,在你观

发现
你的管理风格

察他人行为、解读员工风格时,也可以解读组织的风格。

## 影响组织风格的因素

尽管组织风格并非员工风格的平均,但组织的高级管理层一般代表了组织最常见的风格。一般而言,组织的开创者确定组织风格的基调。组织往往会雇用与自己风格一致的员工,使他们"融入其中"并留下来。渐渐地,相同风格的员工越来越多。然而,如果一个组织缺少一定数量的其他风格的员工,可能会陷入困境。

如果一个组织欣欣向荣,至少说明其风格目前运作良好。深入观察这些组织,探究它们的风格成因是件趣事。你会发现组织风格常常与商业类型相关。通用汽车公司的风格服务于其商业目的,却不适合小型非营利企业。我们该庆幸一家保险公司与广告公司行事风格不同。因此,商业性质是影响组织风格的因素之一。

其他影响因素包括地点、规模与存在时间。一家位于纽约的大型法律公司的风格很可能不同于一家位于内布拉斯加州小镇的小公司。一家新兴公司的风格可能也不同于一家经营了几十年的公司。

将这些"原料"倒进同一口锅里炖上一段时间,烹就的大餐就是组织风格。这道大餐对有些人——与组织风格相同的人——可能是美味佳肴。他们如鱼得水,理解为何组织以特定方式行事。对其

# 第13章
## 管理不同风格的组织

他人来说，这道大杂烩可能太辣、太甜或太咸。这里的环境会让他们不安，觉得自己像流落外地的异乡人。有了 DiSC，他们可以理解个中原因，明白如何行动才能在这里茁壮成长。

## 解读你的组织

通过对以下三个问题的回答你就能识别组织的主导风格。拿出三张纸（或打开计算机文档页），在每张纸顶部分别写下这三个问题：

- 在我的组织里，什么行为会被效仿？
- 在我的组织里，什么行为会受到奖励？
- 在我的组织里，什么行为会受到批评？

不仅要看组织说了什么，还要看它做了什么。例如，有些组织声称重视冒险精神，却惩罚冒险失败的人，这不免让人产生怀疑：难道重视冒险精神只是句空话？

就像之前使用 DiSC 时一样，讨论组织风格时最好针对一种特定情境。情境中涉及哪些人？说了什么话？人们如何行动？写下涌入头脑的短语和句子。最具启示性的情境往往与变化有关，不妨将把组织对某个新程序、新产品生产线、合并或重组的反应包含在内，并且至少各写一个有关员工与相关任务的情境。不要试图猜测他人所思所感，通过观察行为来解读他人。

每页纸上至少写下十个单词或短语，从组织对情境的反应中寻找模式。然后对照清单寻找相符的条目。如果某个单词或短语的内容属于某个典型的 DiSC 风格，在旁边写下相符的字母 D、I、S 或 C，从而辨别出组织的风格是什么。

## ○ D 型组织

如今 D 型是最常见的组织风格。这些组织竞争激烈、积极进取。一个 D 型组织的高层往往只有一名掌舵者，组织即此人意志、愿景与价值观的体现。

D 型组织看重结果，不容许在人情关系上"浪费"时间，常常挫伤员工情感。D 型组织可能有很高的人员流动率与危机管理频率，是一个充满压力的工作场所。D 型组织需要人事与工作两方面的支持，因为 D 型组织内部压力巨大，需要强大的动力鼓舞。谁来注意细节？谁来鼓舞员工士气？

不过，一个 D 型组织能成大事，能签下大合同。只要管理得当，它会茁壮成长。

## ○ I 型组织

I 型组织里有许多会议、聚会和交流。在这种风格的组织中，人们不厌其烦地讨论、分享观点。组织设有许多的嘉奖与奖励项目，尤其是酒会和聚餐，简直棒极了！

# 第 13 章
## 管理不同风格的组织

组织里的常规性竞争都与创造力或"好点子"有关。不过这种持续不断的对"投入"的需求让员工疲于应对，造成人员快速流动。

I 型组织短于计划、架构与细节，很难把好主意转化成现实成果。

I 型组织的领导人充满激情、魅力十足。I 型组织的创始人往往是新思路的倡导者或新产品的创造者。如果激情不再，创意枯竭，组织领导者会担心组织从此陷入困境。这时，可能会有一两个领导者因此离开，自立门户。因此，I 型并非最稳定的组织结构。不过，I 型组织的工作氛围妙趣横生、振奋人心。

## ○ S 型组织

S 型组织稳定和谐、始终如一，环境轻松愉悦。组织欣赏团队精神与合作，不鼓励英雄主义与强烈的个人主义。慕名而来的消费者与客户会受到红毯级待遇。

S 型组织常常帮助员工提高技能，并通过赞助慈善活动，与社区建立更广泛的联系。组织内的员工会非常忠诚，一般很少跳槽。

这种组织可能稳定过头了，其很多规则和理念都已过时。1975 年的问题解决方法可以回答 1975 年的问题，却应付不了今天的问题。所以，如果 S 型组织不敢冒风险或不愿更新组织目标和程序的话，它将面临被淘汰的威胁。

## ○ C 型组织

品质、精确和秩序——这是 C 型组织的标志。C 型组织保守、谨慎小心，以完美的产品与业绩为荣。饼状图、柱状图和一沓沓文件呈现的是组织的成果。C 型组织事务繁多，但井然有序。

C 型组织重视守时可靠、追求卓越、不辞劳苦的员工。始终如一的出色表现能够得到奖励。这里处处公事公办，可能会有正式或非正式的着装要求。

C 型组织的高要求、高标准可能会损害员工。如果工作负担过重或工作时间过长，员工会压力过大乃至失眠。

由于在研究与分析方面花费过多的时间，C 型组织可能会错过良机。由于害怕标准降低，这可能会限制 C 型组织的成长。

# 第 13 章
## 管理不同风格的组织

## D 型组织的标志

**特征**

- 快速决策
- 内部与外部竞争
- 热爱挑战
- 直接
- 强势

**奖励**

- 独立
- 获胜
- 果断
- 速度
- 结果
- 地位

**批评**

- 软弱
- 斤斤计较
- 拖拉

**发现**
你的管理风格

### I 型组织的标志

**特征**

▶ 个人与集体互动活动多

▶ 重视关系

▶ 表达思想与感受

▶ 乐观

▶ 认为工作是件趣事

▶ 不断变化

**奖励**

▶ 创造力

▶ 活力

▶ 激情

**批评**

▶ 过于注重研究、规则或制约

▶ 无趣

▶ 忽视团队

▶ 不敏感

# 第 13 章
## 管理不同风格的组织

### S 型组织的标志

**特征**
- 稳定与安全
- 和谐
- 团队精神与联合计划
- 愉悦、放松的氛围

**奖励**
- 服从
- 合作
- 乐于助人
- 忠诚

**批评**
- 混乱
- 咄咄逼人
- 犀利
- 强烈的个人主义

**发现**
你的管理风格

## C 型组织的标志

### 特征

- ▶ 高标准
- ▶ 仔细分析
- ▶ 权衡利弊
- ▶ 策略与手段

### 奖励

- ▶ 精确
- ▶ 完整
- ▶ 关注细节
- ▶ 工作守时
- ▶ 可靠

### 批评

- ▶ 错误
- ▶ 粗心
- ▶ 迟到
- ▶ 糟糕的研究
- ▶ 夸夸其谈

# 第13章
## 管理不同风格的组织

## 满足组织需求

通过 DiSC，你已经知道了如何满足你与员工的需求。现在，你需要满足另一种需求：组织需求。组织的需求反映了组织的 DiSC 风格。

- D 型组织需要达成目标，获得成就；
- I 型组织需要多样性与认可；
- S 型组织需要稳定与紧密联系；
- C 型组织需要精确与始终如一。

满足需求，是每个组织的最高目标。组织目标有许多种，诸如盈利、扩张、服务他人或赢得奖项。有些组织目标明确，有些比较模糊。作为一名管理者，你的工作是，竭尽全力帮助组织实现最高目标。

如果你的工作能够满足组织需求，实现组织目标，你会获得奖励。如果做不到，你会让其他人感到烦恼、困惑或愤怒。

如果你的个人风格与组织风格一致，你在组织里会如鱼得水。不过，即使你对一个情境的自然反应风格与组织风格不一致，你还是有很多方法将组织风格引入你管理的情境之中：

## 发现
### 你的管理风格

- 调整你的管理风格，使之更符合你的组织环境，推广你处理情境的方式；
- 在一个引人注目的情境中，遵照公司的方针行事更加稳妥、明智；
- 调整自身来改善组织对你的认知。

这是否意味着你的行事风格会对情境不利？这种情况确实存在，但大多数时候，轻微调整你的风格就够了。重要的往往不是你做了什么，而是你如何做。

你的自然风格虽然不能百分之百奏效，却可以很好地提供组织所需的平衡。你无须改变自己，仅仅需要问自己如下问题：

- 评估我工作的人如何看待我的管理风格？
- 我怎样使组织更高效？
- 在组织中我怎样使自己的长处得到更好的发挥？
- 我怎样更好地获得成功？
- 我怎样帮助我管理的员工获得成功？
- 对我的误解最有可能发生在哪些领域？
- 这个组织会向我提供有价值的信息吗？
- 我的需求和组织需求之间有差距吗？如何弥补差距？
- 这个组织对我而言是"正确"的选择吗？我对组织呢？

在日常决策中，你无须时时把组织纳入你的思考范畴。但是，

# 第 13 章
## 管理不同风格的组织

在重大决策或重复性情境中,你需要从大局考虑。你的效率与幸福感,会深受这个三角形的第三个角的影响。

## 组织中的你

无论你常用的风格为何,无论你身处何种组织环境,你都能获得成功,也可能面临某些挑战。作为一名管理者,以下是组织风格可能对你产生的影响。

### ○ 在 D 型组织中

**如果你是 D 型风格**。你知道应该做些什么——放手一搏,全力以赴,做自己,就会得到尊重。不过如果其他人也很有主见,你要事先准备好处理工作中的冲突。

**如果你是 I 型风格**。这真是个绝妙的组合。D 型组织会赞赏你的热情与精力,你的想法能得到迅速执行。但 D 型组织可能无法充分表扬你的出色工作——他们认为你理当如此。

**如果你是 S 型风格**。对你来说,D 型组织不够稳定、不近人情、要求严苛。他人可能会向你倾诉,寻求安慰。

**如果你是 C 型风格**。让你烦恼的是,D 型组织中的人常常未经充分调查就匆忙做事。不过你的"慢慢来"也让别人抓狂。然而 D 型组织需要你,你的投入有助于组织目标的实现。

**发现你的管理风格**

## ○ 在 I 型组织中

**如果你是 D 型风格。**同事会分享你的功劳，你在这里可能找不到想要的权力、名声与权威，冗长的会议让你失去耐心。

**如果你是 I 型风格。**你在这里兴奋不已，晚上都不愿回家了。

**如果你是 S 型风格。**I 型组织的变化速度超出你的接受能力，但让你欣赏的一点是：你和组织一样，重视团队精神，组织认可你的工作。不过，你所渴望的指示或原则，在这里为数很少。

**如果你是 C 型风格。**让你烦恼的是，I 型组织中没有多少规则或指示。你在规划工作时发现自己完全孤立无援。试着训练自己，用简短、快速、直接的答案回答每个问题，答案背后研究与分析的价值自己知道就可以了。

## ○ 在 S 型组织中

**如果你是 D 型风格。**面对 S 型组织里日复一日、井然有序、稳定不变、看似枯燥无味的工作环境，你会忍不住问自己，自己怎么会落到这种境地？这里缺少挑战，无处不在的团队遏制了你的风格。虽然有时你只是在尽本分工作，其他人却认为你很无礼。因此你有两种选择，第一种是放松下来好好享受一番，也许这是你一生难得的休憩时光；第二种是一直以强势的做派发泄你的不满，但如果你坚持这样做，你得考虑另谋高就了。

# 第 13 章
## 管理不同风格的组织

**如果你是 I 型风格。**你信任组织和员工。但 S 型组织内哪有新鲜感和刺激感？可能你正是组织活力的来源。因为你知道如何让一个地方妙趣横生，如何让他人放松下来。你可以设立一个奖励项目，表扬员工的出色表现。而 S 型组织重视的耐心、忠诚都是你能从这里学到的东西。

**如果你是 S 型风格。**恭喜你，好好享受这里轻松的氛围、团队精神及固定的日常工作吧，不过这里缺少的，正是你扩张与发展的机会。你要思考，你会永远待在同样的位置吗？其他人可以取代你吗？所以必须寻找机会，培养具体技能。

**如果你是 C 型风格。**S 型组织没有严格的标准，没有系统的分析，没有明确的工作预期。一方面你会为此头痛不已，但另一方面你会喜欢这里连贯、稳定的组织风格，享受他人耐心的帮助。你希望得到更多的机会，展示你的专长与技能。培养自己管理团队的能力，日后你会用得上。

## ○ 在 C 型组织中

**如果你是 D 型风格。**C 型组织中的反复核查和深度分析让你沮丧不已。你渴望促成事情发展，却被迫权衡利弊、核算风险。然而，你对自己的支配地位确信无疑。

**如果你是 I 型风格。**你可能对这里的重复性工作心生厌烦，不喜欢无时无刻关注细节。你需要培养组织性、系统性的工作方式，将你的想法付诸实施。

**如果你是 S 型风格。**你喜欢这里稳定的环境，感觉放松自在。然而，C 型组织希望你独立工作，这可能让你觉得孤单。你可能会被质疑，你能在细节与分析上花费多少精力？如果思维不够严谨，你会受到批评——这滋味可不好受。

**如果你是 C 型风格。**组织如此，夫复何求？你身处一个保守、公事公办的组织，它重视质量与可靠甚于一切。C 型组织对人和事采取一种系统性的处理方式。冲突很少，你如鱼得水。

## 管理组织中的其他人

组织的风格会影响你和员工的效率与动力。通过让员工利用他们的自然优势，鼓励他们调整与成长，你可以帮他们取得成功。

如果一个组织不常表扬个人的贡献，你可以表达对他们价值的肯定。

### ○ 在 D 型组织中

**如果你在管理 D 型员工。**为他们争取引人注目、回报丰厚的工作，让他们大展身手。如果他们成功了，推荐他们获得晋升或其他好处。

# 第 13 章
## 管理不同风格的组织

**如果你在管理 I 型员工。** 让他们知道组织对多余的会议与持续的社交没有多少耐心，邀请他们参与头脑风暴和其他创意会议，公开表扬他们，指导他们将活力与说服力用于帮助组织获得组织期待的结果。

**如果你在管理 S 型员工。** 虽然他们不喜欢组织内部独立、强势和充满竞争的环境，但他们往往把意见埋在心底。你可以向他们保证：他人直接、强势的评论仅仅是一种工作方式，并非针对个人。你还要常常表达你对他们的欣赏和认同，培养他们的自信。

**如果你在管理 C 型员工。** 经常表扬他们出色的工作。然而，需要指出的是，D 型组织重视速度，所以你要帮助这些人认识到，是时候说"已经够好了"，然后开始为下一项工作努力。

## ○ 在 I 型组织中

**如果你在管理 D 型员工。** 他们的风格可能被视为牛硬而不近人情，帮助他们培养组织重视的社交技巧。

**如果你在管理 I 型员工。** 他们喜欢自己的工作，组织也喜欢他们。帮助他们成长，同时鼓励他们贯彻执行计划并注重细节——组织虽未公开提倡这些，但这些都是组织成功的关键。

**如果你在管理 S 型员工。** 帮助他们习惯持续变化的环境。他们对于自身的贡献很谦虚。你要鼓励他们相信自己，在别人面前表扬他们。

**如果你在管理 C 型员工。**他们是一群极其谨慎的员工。这样一个轻松随意、喜爱社交的组织可能让他们大惑不解。你要担任他们的诠释者，帮他们理解周围环境，鼓励他们更加宽容地对待他人和其他工作方式。

## ○ 在 S 型组织中

**如果你在管理 D 型员工。**他们强势逼人，喜欢竞争，很难赢得友谊。他们不但需要礼貌待人，关心他人，也需要培养耐心，因为组织的步伐对他们来说过于缓慢。你可以考虑创建一些项目，允许他们独立工作，给他们获得荣誉的机会。

**如果你在管理 I 型员工。**其他人可能觉得他们摄入了太多咖啡因，兴奋得过了头。他们需要调节精力，与他人的情绪水平保持一致。但他们的友善弥足珍贵，能够吸引追随者与仰慕者。你可以创造机会，让他们担任领导角色。

**如果你在管理 S 型员工。**他们如鱼得水，让他们知道他们的合作与帮助对你意义重大——组织里的其他人可能也会这么做！

**如果你在管理 C 型员工。**他们喜欢这里的慢节奏，但可能觉得其他人对程序与研究过于马虎。你需要表扬他们高质量的细心工作，告诉他们：他们对自己可能过于严苛了。

# 第 13 章
管理不同风格的组织

## ○ 在 C 型组织中

**如果你在管理 D 型员工。** 鼓励他们在表达观点前花时间研究、收集事实与数据，否则他们可能无法赢得支持与尊重。

**如果你在管理 I 型员工。** 告诉他们执行计划时他们需要更多自律。如果缺少事实支撑，组织可能不会采纳他们的创意。一定要在公开场合表扬他们，为他们使劲儿鼓掌。

**如果你在管理 S 型员工。** 他们喜欢这里的慢节奏与稳定，不喜欢这里的冷漠与不近人情。你要认可他们对团队的帮助，让他们逐渐习惯组织的风格。

**如果你在管理 C 型员工。** 组织喜欢他们日复一日地研究、准备、分析和计划。然而，自身的高标准与组织的高要求可能让他们生活在对批评的恐惧之中。你需要帮助他们正确看待批评。

> **明褒实贬**
>
> ▶ 对 D 型员工：如果组织里有人说"他知道自己想要什么"，他可能的意思是"他从不听别人的话"。
>
> ▶ 对 I 型员工：如果组织里有人说"她总是精力十足"，他可能的意思是"她完全脱离现实了"。

**发现**
你的管理风格

▶ 对 S 型员工：如果组织里有人说"他人真好"，他可能的意思是"他真是个傻瓜"。

▶ 对 C 型员工：如果组织里有人说"他事无巨细"，他可能的意思是"他应该活得更有意思些"。

## 结束语

# 迈向四维管理

**发现**
你的管理风格

每次你向他人授权、帮助他人做决策与解决问题、认可或改善他人表现或激励他人时，你就是一名管理者。这些情境重要的共同点在于，它涉及了两个人：你和另一个人。通过 DiSC，你可以更好地理解你们对目前情境反应如何，并获得高效的结果。

你可以自己选择如何利用 DiSC。在一个具体的管理情境中，你会选择你的第一维度还是其他维度——后者可能对另一个人而言是更好的处理方式？作为一个自我发现和自我使用的工具，DiSC 让你洞悉自身管理风格和员工风格，但如何使用它取决于你。

读到这里，你可能已经摩拳擦掌，对四维管理跃跃欲试了。如果你已经准备好了，可以从一个放松、简单或不那么重要的情境开始。从他人的视角来看待这个情境，一步步地观察其他人的反应，然后尝试另一种情境。

也有可能，你认为自己无法改变管理风格。你虽然认识到四维管理的潜在益处，却不想做出改变。事实上，没有人让你完全抛弃你最喜爱的管理风格，在大多数时候你仍会沿用你的第一维度，只是有时候你需要为了预期结果适当调整你的风格。

你可能需要多次使用 DiSC 来更好地理解情境，以及造成情境紧张的原因。接下来，想想你可以采取的不同行动。哪些让你感觉不自在？你尽可以充分尝试，看最后会发生什么。慢慢来，如果结果不错，再试一次。

## 结束语
### 迈向四维管理

四维管理以结果为导向。它可以改善工作表现与结果，缓解紧张情绪，建立高效的工作关系。在迈向四维管理时，问问你自己：哪些有用？哪些没用？反思最后的结果。

许多人在初次使用 DiSC 时需要聚焦特定情境。他们对 DiSC 四个维度理解越多，就越喜欢使用 DiSC。渐渐地，DiSC 会成为他们工作方式的一部分。以下是一些管理者对 DiSC 的评价：

"因为 DiSC，我的触角更加灵敏了。我在说话时会关注其他人的反应。"

"对我来说 DiSC 意味着'不用多说，仅需发问'。"

"DiSC 可以缓和许多紧张情境，因为我可以理解其他人反应背后的原因。他们不是混蛋。这并非针对个人。"

"DiSC 提高了我的情商。"

"一切都与知觉有关。"

DiSC 的确与认知有关。数百万人已经利用这个简便、强大的工具获得了对自己和他人的认知。你同样也可以利用这个工具，成为一个无论在何时、何地，面对何人，都能有效管理的四维管理者。

# DiSC 组合模式

## DI 型：积极活跃、喜欢主导

如果你在 D 维度的得分大于或等于你在 I 维度的得分（两个维度的得分均超过 44 分），你的风格为 DI 型；反之，你的风格为 ID 型。

面对某种情境，你信心十足，独立工作。你认为自己既有地位又有影响力，能够快速实现目标。你精力充沛。竞争是你的动力，使你在压力和困难情境下出色完成工作。

**做很多事**。如果你的目标与团队目标吻合，你会非常高效。如果在一项工作中没有公开指定的领导，你可能会说服团队由你来领导，并让大家认为你是领导的最佳人选。你能够在危机中快速决策。

**其他人可能跟不上你**？你的精力充沛，不大可能半途而废。如果追随者无法跟上你的步伐，你会决定独立工作。你觉得这样做是在帮助他们，可他们却认为你对他们毫不在意。

如果能利用自己的 I 型维度，你可以留住同事。你需要同事，因为如果无人追随，你就无法领导。学会利用你的活力鼓舞他人，你会得到丰厚的回报。

**行动在我**。没有担任领导或表达意见的机会让你感觉糟糕。你需要自由发挥创意，尝试新的方法。细节性工作让你抓狂，但你坚韧顽强，不会轻易退出。

**发现**
你的管理风格

**重视独立。** 你喜欢自己制定行动方案。共同确立目标后，你希望以自己的方式实现目标。

### DI 型

**让你干劲十足的是**
- 领导团队
- 自己制定行动方案
- 快节奏
- 做决策

**让你失去动力的是**
- 遵守详细的指导步骤
- 忍受你不喜欢的事情
- 没机会担任领导或没有发言的机会
- 不能亲临工作现场

**你喜欢的环境是**
- 你的同事与你的兴趣、目标一致
- 地位受人关注
- 公开交流

**你逃避或讨厌的是**
- 严格的规则与管理

> ▶ 缺少创造性
>
> ▶ 抵制新方法
>
> ▶ 细节性的、慢节奏的工作
>
> ▶ 孤立
>
> ▶ 消极
>
> **如何更高效**
>
> ▶ 试着倾听别人的想法
>
> ▶ 克服"我自己来"的毛病，激励他人实现目标

## ID 型：善于表达、乐于参与

如果你在 I 维度的得分大于或等于你在 D 维度的得分（两个维度的得分均超过 44 分），你的风格为 ID 型；反之，你的风格为 DI 型。

面对某种情境，你重视关系甚于结果。你自由表达自己的想法，他人也会友善回应。你知道自己可以帮助他人化解冲突，改善他人处境。你会全力以赴做自己喜欢的工作。

**全身心投入情境之中。**新的事情总让你兴致勃勃。你会主动提出建议，鼓励他人效仿。你可以没日没夜地谈论你的工作，以你的热情赢得他人支持。然而，如果其他人不听你的指挥，你会无精打

**发现**
你的管理风格

采、心不在焉。你希望别人也喜欢你喜欢的东西,因此对你而言,一群三心二意的听众简直就是灾难。

**你着眼大局**。你热爱多样性与趣味性,反感详尽、深入的分析。在一个变动不居的情境中你会表现得兴致勃勃。不过你一心向前,可能会忽略细节,因此你需要别人不时地检查你的工作。

---

**ID 型**

**让你干劲十足的是**
- 建立良好的工作关系
- 让他人支持新的挑战
- 为团队成功做出贡献
- 对结果负有直接责任

**让你失去动力的是**
- 常规工作与流程
- 与他人鲜有交流
- 其他人缺乏活力与兴致

**你喜欢的环境是**
- 全新的和激动人心的工作
- 公开处理冲突
- 认可你的付出

你逃避或讨厌的是

▶ 僵化的规则

▶ 详尽或深入的分析

▶ 质疑你的观点或判断

如何更高效

▶ 帮助他人看到变化的潜在益处并鼓励他们积极参与

▶ 虽然他人赞赏你的支持与精力，他们也希望你能够参与细节性或日常工作

▶ 别让他人将你的热情误以为追名逐利，让他们知道：成功取决于每个人

## DS 型：自我激励、乐于助人

面对某种情境，一方面你坚定果断、缺少耐心，另一方面你乐于助人——你需要在两者间取得一种平衡。虽然你不必做个"万人迷"，但是你需要与人们融洽相处。你希望自己的工作能帮助他人。

你喜欢自我激励，乐于助人。如果你处于某个志愿组织或联谊会里，你可能会步步高升。如果你所在的教堂、集会或家庭教师协会需要一个募捐会的主持人或秋季集市的筹划者，你是第一人选。你明白自己要做什么，会立即行动，招募人员，完成大部分工作。

你做事不为出人头地，只因你相信这份意义重大的工作需要有人来做。

**忽视你的另一面**。你积极进取，敢于冒险；你非常友善、勤勤恳恳、体贴别人。因为你乐于助人、安静少言，人们常常忽略你的力量与勇气。而看到你坚决果断一面的人，又可能以为你不够友好、体贴。习惯快速判断的人常将你归为这种或那种人，事实上你两者皆有。

**你采取主动，但不会制造矛盾**。你尊重他人，容易相处。你不想惹麻烦，但必要时你会以自己的方式采取行动。

一名 DS 型员工被雇来管理部门财务，她很快发现员工需要更多的计算机培训。公司业务繁忙，没有时间让员工参加培训，她就每周制作内情报告，悄悄放在每个人的键盘上。虽然她从未署名，但了解真相的人仍然感激她的付出。

**你可能会精疲力尽**。你对个人表现要求很高，你生怕自己未尽全力，让他人失望。如果做事没办法尽善尽美，你会有罪恶感。

你可能有工作狂倾向。你的家庭与朋友是你有力的支持者，忽略他们就等于摧毁你的支持系统。支持？可能你从未想过你也需要别人的帮助。在你专心致志独立工作时，自主是一项优势，可是人人都需要帮助。你帮助过别人很多次，他们可能也很愿意回报你——但你要开口。

## DS 型

**让你干劲十足的是**

- 为实现目标付出个人努力
- 独立工作与合作间的平衡
- 保证事情正常运转
- 个人承担责任

**让你失去动力的是**

- 不在乎他人的感受
- 忽视质量
- 公开冲突
- 激烈竞争

**你喜欢的环境是**

- 指示明确
- 优秀工作得到认可
- 尊重多样化需求

**你逃避或讨厌的是**

- 寻求帮助——即使你真的需要
- 解释你的做事方法
- 让人尴尬的情境

> ▶ 冲突
>
> **如何更高效**
>
> ▶ 在采取主动与支持他人之间保持平衡
>
> ▶ 给别人帮助你的机会
>
> ▶ 经常自我批评、听取别人的反馈可以帮你正确认识事情，缓解压力

## DC 型：独立自主、善于分析

面对某种情境，你擅长分析，相信自己的判断。任务型导向型的你可能有些冷漠，你也确实很少向他人征求意见。你观点明确，会不遗余力地捍卫自己的想法。你通盘考虑，相信自己的做事方法，一旦认定什么就会全情投入。

**注意到别人忽略的问题。**你的工作质量常常能够达到甚至超出工作要求。你会花许多心思解决问题。你有预测问题的天赋，因为你可以注意到别人忽视的问题。

**坚持己见。**你是非分明，调色盘里没有灰色。通盘考虑之后，你坚信自己的方案是对的。其他人可能认为你顽固不化，你要向他们解释自己得出结论的过程，让他们从你的视角看待问题。

**深知自己的价值。**如果你受过高级培训或积累了多年经验，你

可能觉得自己比别人懂得更多。虽然你愿意向他人提供建议，但只有在独立工作时你才能最大程度地发挥自己的技能，得心应手地使用分析技巧。你工作卓著，人人皆知，因此你有充分的自由考虑问题，从多角度看待事物。

在一个项目中，如果你需要与他人共事，你就要分享控制权，而且当你已经完成自己的工作却不得不等待他人完成工作——这可能让你沮丧不已。你不会说什么，但如果你觉得他们损害了工作的品质，你会悄悄走开。

### DC 型

**让你干劲十足的是**

- ▶ 对品质与精确重视
- ▶ 有时间把事情考虑清楚
- ▶ 独立工作
- ▶ 做好本职工作

**让你失去动力的是**

- ▶ 在你最能胜任的工作中分享控制权
- ▶ 自己的工作已经完成，不得不等待别人完成部分工作

**你喜欢的环境是**

- ▶ 重视质量

发现
你的管理风格

> - ▶ 有足够的时间从不同视角审视问题
> - ▶ 清晰的规则、程序与目标
> - ▶ 高工作标准
>
> **你逃避或讨厌的是**
>
> - ▶ 冲突行为和快速决策
> - ▶ 集体分析
> - ▶ 向他人征求意见
>
> **如何更高效**
>
> - ▶ 除了关键时刻或压力时刻,在整个工作过程中都应该提出问题或提供意见
> - ▶ 虽然你相信计划是正确的,但你应该与他人交流,获得他们的理解和支持

## SI 型:处事灵活、提供支持

如果你在 S 维度的得分大于或等于你在 I 维度的得分(两个维度的得分均超出 44 分),你的风格为 SI 型;反之,你的风格为 IS 型。

面对某种情境,你重视关系,支持他人。你致力于服务他人,不想成为注意力的中心。你的首要目标是促进和谐,与他人融洽相处。

**你希望人人都是朋友。** 你会尽你所能保持环境轻松、愉悦。你的友善在他人生气或失去耐心时,是一股安抚人心的力量。你会退居一旁,由别人得出结论。你稳重的举止可能让别人误以为你可以应对任何冲突——事实上你希望事事顺遂,极力避免冲突。你不害怕发表意见,但如果发表意见可能导致冲突或拒绝,你会保持沉默。

**乐于助人。** 你觉得被人依靠、帮助别人是一件很有意义的事。

### SI 型

让你干劲十足的是

- ▶ 积极的团队合作
- ▶ 服务他人
- ▶ 建立良好的关系
- ▶ 被他人依靠、依赖

让你失去动力的是

- ▶ 独立的工作
- ▶ 竞争
- ▶ 关系紧张或充满敌意

你喜欢的环境是

- ▶ 重视合作、和谐
- ▶ 礼貌、有技巧的交流

**你逃避或讨厌的是**

▶ 成为注意力中心

▶ 对质或紧张局势

▶ 说"不",即使为了自身利益

**如何更高效**

▶ 你的灵活性在变革时期作用重大。如果你能够在团队利益受损时绝不妥协,你的灵活性将成为更加宝贵的财富

▶ 你慷慨助人,但如果你觉得别人利用了你,你要表达出来

▶ 因为你表现得很沉稳,其他人可能认为你足以应付任何事情,注意你自己的压力来源,好好照顾自己

## IS 型:激励他人、愿意合作

如果你在 I 维度的得分大于或等于你在 S 维度的得分(两个维度的得分均超过 44 分),你的风格为 IS 型;反之,你的风格为 SI 型。

面对某种情境,你想建立关系,尤其是那些可以帮你实现目标的关系。你是个真正的社交人,你了解社交的价值,认定助人终能利己。处于领导位置的你重视他人的投入,鼓励他们成长。你随和友善,能吸引他人向你寻求指导,帮助自己和他人公开表达忧虑。

**不要太黏了！** 人们喜欢向你征求意见，然而你耐心有限，不想整天听别人唠叨他们的问题。你问"今天怎么样啊"时，并非想询问同事或探听个人隐私，你不想扮演咨询者或导师的角色，他人的依赖让你不安。

**不喜欢争论。** 如果不会引发争论或冲突，你不怕公开发言。如果无法确定别人的反应，你就不愿意表明自己的需求。如果你知道决策的结果可能不受欢迎，就很难决断。

### IS 型

让你干劲十足的是
- ▶ 团队合作
- ▶ 领导或影响一个团队
- ▶ 成长与学习
- ▶ 为了你的目标与职业建立新的关系

让你失去动力的是
- ▶ 默默无闻或缺少认同
- ▶ 被他人的情绪或问题所累

你喜欢的环境是
- ▶ 安全与公开
- ▶ 愉悦与信任

## 发现
你的管理风格

> - ▶ 有明确的奖励与表彰机制
> 
> **你逃避或讨厌的是**
> 
> - ▶ 别人向你倾诉，指望你帮助他们解决问题
> - ▶ 别人过分依赖你
> - ▶ 争论
> 
> **如何更高效**
> 
> - ▶ 虽然不喜欢冲突，但是你可以帮助自己和别人公开表达忧虑
> - ▶ 你拥有人际关系技巧，渴望取得成就，在特定情境下这些能让你成为一个很好的领导者

## IC 型：机智敏锐、忠诚可靠

你在情境中的行为取决于专注于人还是专注于事。与同事或朋友交往时你灵活、机智、可靠，工作时你全神贯注、注意细节。你的勤奋、热情与忠诚是团队宝贵的财富。你自信、外向、开朗，擅长应对客户或公众。

**一名宝贵的团队成员**。你既喜欢详细、精确的工作，也能够灵活变通。你和善、友好，乐于创新。你既保持自己的高水准，也考

虑别人的需求。你将这些品质糅合一身，是一名均衡且高效的团队成员。你既热爱团队工作，也渴望获得独自思考的时间。

**随和、可靠**。即使没有奖励或表扬，你的工作也一如既往地高效。他人对你工作的重视会让你倍感欣慰。

**耐心等待**。你不想引发冲突，能够忍受失望与麻烦，暗自希望情境有所好转。不过，要警惕这点不要被他人利用。仅仅等待他人的变化是不够的，必要时你得积极主动，要利用自己的热情与人际交往能力，表达自己的观点与见解。

## IC 型

### 让你干劲十足的是

- ▶ 在独立工作和与人合作之间取得平衡
- ▶ 需要精确与高质量的情境

### 让你失去动力的是

- ▶ 对你一如既往的出色工作缺少认可
- ▶ 没有独立工作的机会
- ▶ 被人利用
- ▶ 不得不忍受差劲的工作

### 你喜欢的环境是

- ▶ 同事间相互信任，并忠于组织

> - 重视高标准与品质
> - 你的贡献得到认可
> - 高效、灵活的队伍
>
> **你逃避或讨厌的是**
>
> - 不经分析就开始行动
> - 意料之外的变化
> - 争论
>
> **如何更高效**
>
> - 不要仅仅等待别人的变化，为了自己也为了团队，友善、热情地表达观点和见解
> - 你的适应性在变化时期是巨大的优势，但不要让它成为你采取主动时的障碍

## SC 型：礼貌待人、追求准确

面对某种情境，你对人对事都很谨慎。你彬彬有礼，不惹麻烦也不出风头。

**你是提供解决办法的重要资源**。因为你安静而低调，甚至有些害羞，别人可能对你不够重视。你观察仔细，细致分析，渴望理解

问题。你可以利用你的知识解决问题。虽然你竭力避免冲突，但见解高超的你可以采取一种巧妙而平和的方式处理冲突。

**不要告诉我你明天就要结果。**如果决策要在很短的时间内仓促完成，那么你会感觉压力陡增。可能的话，你应该当场就让他人知道你需要多少时间来按时完成工作。你要求清晰度与确定性，可能会惹恼一些需要即时决策或行动的人。如果时间仓促而决策刻不容缓，一定程度的风险是可以接受的。通过分析过去相似情境中的经验教训，你可以将风险降至最低水平。

## SC 型

**让你干劲十足的是**

▶ 有足够的时间对问题进行分析

▶ 考虑别人的时间与担忧

▶ 清晰、有意义、具体的指示

**让你失去动力的是**

▶ 任务仓促

▶ 不关心任务对人的影响

▶ 模糊的指示

**你喜欢的环境是**

▶ 稳定

**发现**
你的管理风格

> - ▶ 清晰的目标
> - ▶ 明确的预期与标准
>
> **你逃避或讨厌的是**
>
> - ▶ 成为大家关注的中心
> - ▶ 不得不表达自己的想法与感受
> - ▶ 速成项目
> - ▶ 快速决策
> - ▶ 出乎意料的事情
>
> **如何更高效**
>
> - ▶ 即使没有时间提前分析，也要表达自己的意见，提出解决方案
> - ▶ 即使无人询问，也要在你认为可以帮忙的时候表达你的想法
> - ▶ 如果决策刻不容缓，接受一定程度的风险

## DIS 型：舒适、投入

面对某种情境你自信而快乐，你鼓励他人参与，让工作趣味十足。你乐观面对困境，完成工作、帮助他人的意愿一直激励着你。

**渴望权力？** 你招人喜爱，但有些人嫉妒你得到的关注，他们可能认为你渴望权力并暗生嫉恨。

**过度劳累。** 你可能认为自己最大的贡献，就是让别人感觉舒适，帮助他们实现目标。这种想法值得赞赏，但同时回应与关注过多的人会让你筋疲力尽。

**讨厌细节。** 你讨厌细节，但其他人会觉得你把本应自己做的工作丢给了他们，你要运用你的说服力得到细节方面的帮助。

**休闲时间。** 工作枯燥无味或士气低落时，想办法奖励自己和他人。实现目标之际，你毫无疑问会是庆功会的主持人！

### DIS 型

**让你干劲十足的是**

- ▶ 积极的愿景
- ▶ 工作有趣
- ▶ 鼓励团队
- ▶ 认可贡献

**让你失去动力的是**

- ▶ 细节性任务
- ▶ 缺乏对人的关心或赞赏
- ▶ 与人合作的机会少

**发现**
你的管理风格

你喜欢的环境是

▶ 与他人一起朝共同目标努力

▶ 引人注目

▶ 享受工作

▶ 积极心态

▶ 庆祝并奖励成功

你逃避或讨厌的是

▶ 细节性的、枯燥的工作

▶ 孤立

▶ 消极

如何更高效

▶ 接受这个事实：虽然积极的愿景很重要，但工作并非时时都充满乐趣

▶ 不要因为鼓励他人把自己弄得筋疲力尽

▶ 记得奖励自己

## IDC 型：自信、果断

面对某种情境，你想掌控局势。你知道需要做什么，并忠于自己的工作方式。你需要足够的时间独自制订计划，之后完全掌控执行过程。你对自己应对挑战的能力充满自信。你往往是第一个发现环境需要变化的人，而且会领导他人度过变革时期。

**我能搞定。**你自信、坦率、精力充沛，一旦有需要就下定决心促成变化。这种自信与决心可以是一种积极的驱动力量，也可能被误认为傲慢。

**任何值得做的事情都值得做好。**你着眼大局，也关注细节。你深知自己的目标，不会放过任何可以实现目标的细节。你坚定不移，终会实现目标。

**被你忽略。**其他人可能觉得被你落下了。如果你忽略他人的想法和意见，他们会感觉得不到你的重视，最终丧失兴趣，心灰意懒。

**发现**
你的管理风格

## IDC 型

**让你干劲十足的是**

▶ 掌控局势

▶ 面对新挑战

▶ 思考解决方案

**让你失去动力的是**

▶ 没有权力

▶ 无法公开解决问题

▶ 同事既不关心质量也不关心行事是否得当

**你喜欢的环境是**

▶ 高要求的工作

▶ 帮助别人实现明确的目标

**你逃避或讨厌的是**

▶ 无法把事情考虑清楚

▶ 不愿意推进工作进展的人

▶ 质疑你的想法或判断

**如何更高效**

▶ 并非所有人都可以像你这样快速接受变化与促成目标——给他们点儿时间。如果没人跟随，你就无法领导

▶ 与团队分享你的想法与结论，赢得他们的支持

▶ 向别人展示，你愿意倾听和考虑他人的观点与意见

## DSC 型：敏感、准确

激励你的是充满挑战的环境。你不安现状，一直追求精益求精，勇于承担改变的责任。

你做事认真，不忘细节。在不确定或有风险的情境中，团队需要你这样有条理、客观、公正地寻找答案的人。你从经验中学习的能力很强，了解如何实现团队目标。

**负重之身**。你可能正肩负重任。在怨恨他人不承担责任之前，问问自己是否曾向他人寻求帮助。学着说"不"，让他人也承担一些责任。

**过于专注工作？**你常常把工作凌驾于他人感受之上。你为了把事情做好，甚至不惜将他人推来搡去。有时候，你对手头工作专注过头，其他人觉得你根本不在意他们的贡献——他们可能是对的。

**对自己最不留情的批评者**。你的工作标准很高，责任感也很重，因此你的自我批评会极其严苛。

---

**DSC 型**

让你干劲十足的是
▶ 需要改善情境以实现目标

# 发现
## 你的管理风格

- ▶ 利用你的技能与能力
- ▶ 个人承担责任

### 让你失去动力的是

- ▶ 模糊的目标
- ▶ 对细节不够关注
- ▶ 忽视质量

### 你喜欢的环境是

- ▶ 清晰的规则与程序
- ▶ 清晰阐明的预期
- ▶ 重视质量

### 你逃避或讨厌的是

- ▶ 自己与他人的预期不明,责任未定
- ▶ 无法参与重要决策
- ▶ 他人未做好本职工作
- ▶ 冲突

### 如何更高效

- ▶ 分享你的专长与经验,让别人向你学习如何把事情做好
- ▶ 让他人了解你的需求,减轻你的负担
- ▶ 如果你的自我批评过于严苛,从别人的反馈里学会正确看待事物,缓解紧张情绪

## ISC 型：敏锐、体贴

面对某种情境，你的工作准确、高效，并且你始终如一地支持他人。

**鼓励他们继续努力。** 你喜欢成为团队的一员，帮助其他成员获得成功。虽然你不想成为领导者，不想对重大决策和风险负责，但你随和的处事方式能够鼓励他人度过困难时期。

**别催我。** 如果可以选择，你会花时间把事情考虑清楚，分享你的见解。然而，其他人可能受不了你的"缓慢"。如果他们不愿等待，可能会绕过你直接决策。

**并非没有意见。** 纵然心怀不满，你依旧态度友善。别人可能误以为你没有意见。你不愿意为自己说话的性情可能无意中被他人利用。

---

**ISC 型**

让你干劲十足的是

▶ 与他人互动，支持他人

▶ 参与一项需要注意细节的工作

▶ 你希望行事得当，并因此受到赞赏

**发现**
你的管理风格

> **让你失去动力的是**
> ▶ 负责领导他人
> ▶ 独立工作
> ▶ 不得不因自身需求或利益表达意见
>
> **你喜欢的环境是**
> ▶ 舒适、合作
> ▶ 愉悦、信任
> ▶ 有机会鼓励他人
>
> **你逃避或讨厌的是**
> ▶ 对重大决策负责
> ▶ 风险
> ▶ 没有时间仔细考虑事情
>
> **如何更高效**
> ▶ 表达并分享你高超的见解
> ▶ 发挥你的能力,在困难时期鼓舞他人

# 附加 DiSC 表格

## 发现
### 你的管理风格

请逐行回答这两页的内容，在每个短语后面写下在该情境中最能描述你的数字。1——非常不准确或毫无联系；2——不准确；3——介于准确与不准确之间；4——准确；5——非常准确。

| 栏　目 | 分　数 | 栏　目 | 分　数 |
| --- | --- | --- | --- |
| 是一个好的倾听者 |  | 喜欢制定规则 |  |
| 可以容忍自己不喜欢的事情 |  | 直接推动项目进展 |  |
| 愿意听从命令 |  | 表现得很强势 |  |
| 和他人相处融洽 |  | 有求胜欲 |  |
| 做决策时总是替他人着想 |  | 是第一个采取行动的人 |  |
| 愿意帮忙 |  | 不屈服 |  |
| 能理解他人的感受 |  | 人们认为我非常强大 |  |
| 对他人很和善 |  | 对自己有把握 |  |
| 热心肠 |  | 愿意负责 |  |
| 让他人担任领导角色 |  | 喜欢采取行动 |  |
| 不喜欢惹麻烦 |  | 行动迅速 |  |
| 宽以待人 |  | 自己感觉很强大 |  |
| 第一栏总分 |  | 第二栏总分 |  |
| 减去 | −1 | 加上 | +2 |
| 得分 | ● | 得分 | ■ |

附加 DiSC 表格

续

| 栏 目 | 分 数 | 栏 目 | 分 数 |
|---|---|---|---|
| 喜欢做正确的事情 |  | 有各式各样的朋友 |  |
| 喜欢用正确的方式做事 |  | 广受欢迎 |  |
| 第一次就能把事情做对 |  | 喜欢与人见面 |  |
| 只考虑有意义的事情 |  | 相处起来很有趣 |  |
| 喜欢精确 |  | 用积极的方式看待事物 |  |
| 与他人相处很害羞 |  | 感觉很满足 |  |
| 善于分析事情 |  | 快乐、无忧无虑 |  |
| 考虑事情很周全 |  | 善于活跃气氛、提高士气 |  |
| 把事情都闷在心里 |  | 大部分时间都很放松 |  |
| 考虑事情过于仔细 |  | 大部分时间都很快乐 |  |
| 不喜欢被过分关注 |  | 与陌生人见面一点都不难为情 |  |
| 在团队中说话不多 |  | 采用非常生动的沟通方式 |  |
| 第三栏总分 |  | 第四栏总分 |  |
| 加上 | +0 | 减去 | −2 |
| 得分 | ☾ | 得分 | ◆ |

© 2002 Inscape 出版公司版权所有。禁止以任何形式复制上表中全部或部分内容。

# 有关 DiSC 的研究

## 有关 DiSC 的研究

使用本书中介绍的 DiSC 后,你已经和世界上 4 000 万人一样,成为 Inscape 出版公司的 DiSC 使用者之一。DiSC 工具源于威廉·莫尔顿·马斯顿博士 1928 年出版的《正常人的情绪》(*The Emotions of Normal People*)一书。马斯顿博士研究了人们对所处环境的反应方式,他分析的不仅是人们对环境的行为反应,而且分析了人们的行为模式跟随所处环境的变化而变化的系统模式。马斯顿博士希望通过分析研究,让人们更加了解自己,更加了解他人,从而减少人与人之间的误会。通过研究,马斯顿博士发现,某人对于环境的反应取决于此环境下这个人的两种感知,即对环境的感知与对自身的感知。这两种感知在人的内心相互影响,形成了一个人对于所处环境的行为模式。

支配型(D)——对环境的感知:认为所处环境是不利的;对自己的感知:认为自己比环境强势;这是支配型风格,这种员工总在试图改变、调整和控制所处的环境。

影响型(I)——对环境的感知:认为所处环境是有利的;对自己的感知:认为自己比环境强势;这是影响型风格,这种员工喜欢把自己的观点推销给他人,获得他人的拥戴。

支持型(S)—— 对环境的感知:认为所处环境是有利的;对自己的感知:认为自己比环境弱势;这是支持型风格,这种员工不会试图改变环境,仅在他人需要时提供支持。

尽责型（C）——对环境的感知：认为所处环境是不利的；对自己的感知：认为自己比环境弱势；这是尽责型风格，这种员工在目前环境下定义规则，努力跟随他人的领导。

## 正在进行的研究

马斯顿博士在创建 DiSC 模型的时候，并没有开发一套与之配套的度量工具。30 多年来，Inscape 出版公司对 DiSC 原始理论进行了持续的研究和完善，期望提高 DiSC 理论的准确性，并最大程度地发挥这个理论的影响和作用。和我们最近发布的其他 DiSC 产品一样，本书中介绍的 DiSC 工具中参考了大量的后续研究成果。

当我们对一种工具展开调研时，需要考虑的首要事情是参与调研的人群的多样化。也就是要考虑调查的样本，样本决定了这个工具的适应性。如果参与调研的样本都是来自堪萨斯州的白人男性会计，那么这个工具将只适用堪萨斯州的白人男性会计。Inscape 出版公司所做的努力是让参与调研的样本足够多样化，可以代表各个年龄段、各个民族、各种职业及分布在全球不同地理位置的人们。也就是说，我们可以确保调查样本能够代表读者您，所以本书中所包含的工具和描述内容对您来说一定是有价值的。

调研时要考虑的第二件事是工具的信度和效度。信度指的是度

## 有关 DiSC 的研究

量结果（如对某个概念如"支配型风格"的度量）的可靠性、稳定性和一致性。DiSC 工具调研结果的可信度通过克隆巴赫信度系数（Cronbach's alpha）的测算得以确定，在探索性研究中，信度只要达到 0.70 就可被接受。本书中使用的 DiSC 工具的信度系数介于 0.77 到 0.85。

效度是指模型是否能够真正度量它想要度量的东西。在创建问卷条目反馈模式时，我们非常重视对效度的支持。DiSC 工具的效度经过了两种统计方法（因素分析法和多维度量表法）的分析，分析结果证明了工具的有效性。本书描述的各种反馈模式均来源于调研结果，因而真实记录了相似风格群体的真实行为特征，绝不是人为主观臆断的"合理猜测"。

Inscape 出版公司的所有产品在创建和验证过程中都经过了合理的调研过程，这也是 Inscape 出版公司产品（包括 DiSC 工具）的一大特色。DiSC 产品通过调研，获取了人们对所处情境的自然反应特征。在真实生活中，人们所遭遇的情境都不相同，随着情境的不同，人们的反应方式也不同。DiSC 工具可以捕获人们从一种情境转换到另一种情境时的反应方式的改变。因此，DiSC 工具可以捕获到参与调研的每个人在追随目标和自我解析过程中所有可能出现的行为特征。

## 如何正确使用

DiSC 工具适用于 18 岁及以上、希望更多了解自己的所有人。使用该工具需要较好的阅读水平，这样才能完整地理解工具表格中使用的句子及对每种风格的解释。

DiSC 工具的主要目的是为个人成长和自我发现提供帮助。我们相信"你是你自己的专家"。我们认为人们有能力设置自己的目标，指导自己的行为，并得到圆满的结果。我们建议读者在使用 DiSC 工具后，仔细阅读自己对应的风格的描述和解释。如果里面提供的信息对你有所帮助，我们鼓励你充分利用这些信息；如果其中有些信息对你没有帮助，那么请你忽略这些信息。

本书及书中介绍的工具不能成为精神健康服务的替代品。我们假设使用 DiSC 工具和完成 DiSC 评测的人们都处于精神健康的范畴，因为书中的内容并未包含应对典型情绪问题的指导。那些需要寻求精神健康咨询的人应该从注册咨询师和医生那里获取帮助。